"Cualquier persona q[...] difícil ser aburrido, in[...]o s[...] [...]. El libro que tienes en tus manos motiva a los cristianos —y también a los pastores— a desear ardientemente que la evangelización sea parte de la cultura de la iglesia local, un componente impulsor de su ADN espiritual. Este libro es rico en implicaciones prácticas, no *a pesar* de su incesante enfoque en Jesús y el evangelio, sino que precisamente *a causa* de tal enfoque. Este libro merece ser leído, ponderado e implementado".

D. A. Carson, profesor de Investigación del
Nuevo Testamento, Trinity Evangelical Divinity
School; autor de *El Dios que está presente*

"El mejor libro acerca de la evangelización sería aquel que fuese directamente al corazón del asunto y fuese escrito por un evangelista. En otras palabras, sería este libro. Mack Stiles es uno de los evangelistas más naturales, efectivos, resueltos e incansables que conozco. Me gustaría saber lo que piensa acerca de la evangelización, ya sea por medio de una conversación, una carta, o un libro entero. En este breve volumen, Mack realiza una exploración clara y bíblica de cómo la comunión de la iglesia multiplica la evangelización individual. Todo lector recibirá inspiración, ánimo y capacitación para ser un evangelista congregacional. Por el bien de la iglesia, del evangelio y del mundo, este libro debe estar en lo más alto de tu lista de lecturas".

R. Albert Mohler Jr., presidente y profesor de Teología
Cristiana, The Southern Baptist Theological Seminary

"Dios ha dotado a Mack Stiles para ser un evangelista, y este libro es el desbordamiento de ese don. Conozco pocos libros que combinen el rigor teológico, la sabiduría pastoral y la experiencia personal que Mack ha puesto en este breve libro. Algunas partes me animaron, otras me desafiaron. Me encantó leer este libro y lo recomiendo encarecidamente".

J. D. Greear, pastor principal de The Summit Church, Durham, Carolina del Norte

"La antigua misión de la iglesia de hacer discípulos de todas las naciones sigue siendo nuestra prioridad número uno hoy en día. Es innegable que tenemos una urgente necesidad de ser entrenados para compartir nuestra fe. Este libro muestra a gente real aprendiendo a compartir la buena noticia de un Mesías real. Es instructivo, alentador y convincente; no querrás esperar para aplicar lo que aprendas en estas páginas. Si alguien sabe cómo equipar a otros para hablar de Jesús, ¡ese es Mack Stiles!".

Gloria Furman, esposa de pastor; madre de cuatro hijos; autora de *Destellos de Gracia* y *Atesorando a Cristo cuando tus manos están llenas*

"Estoy genuinamente emocionado por este libro. Los libros de Stiles acerca de la evangelización son estupendos porque combinan ayuda práctica con madurez teológica. Además, él verdaderamente practica lo que prescribe".

Kevin DeYoung, pastor principal de Christ Covenant Church; autor de *¡Haz algo!* y *¿Qué enseña la Biblia realmente acerca de la homosexualidad?*

"Mack Stiles ha escrito un libro sensacional, no solo acerca de compartir el evangelio o acerca de ser un evangelista personal. Ha escrito un libro sobre cómo la iglesia local puede ayudarnos verdaderamente a compartir el evangelio; aligerando la carga, instruyendo, entusiasmando, y cooperando. ¡Lee este pequeño libro y recibe ánimo!".

Mark Dever, pastor principal de Capitol Hill Baptist Church; autor de *¿Qué es una iglesia sana?*

"Mack Stiles escribe acerca de desarrollar una cultura de evangelización de una forma que ¡permite al lector ver esa cultura! En este libro no solo leemos la verdad, sino que adquirimos una visión de cómo nuestras iglesias pueden vivir de una manera rica y dinámica. Puede que este sea el libro más corto, pero también el más importante que jamás hayas leído para la vida de tu iglesia y la extensión del evangelio".

Thabiti M. Anyabwile, pastor principal de
First Baptist Church of Gran Cayman; autor de
Miembro saludable de la iglesia, ¿qué significa?

"Leí este interesante libro de golpe porque fui atrapado por su contenido y su espíritu. *La evangelización* es un manual acerca de cómo la Biblia aborda el tema crucial de compartir el evangelio. Anticipo que será recibido ampliamente y con entusiasmo".

Daniel L. Akin, presidente de Southeastern,
Baptist Theological Seminary

"Me encanta la visión de Mack Stiles acerca de 'una cultura de evangelización' que permee nuestras iglesias. Mi deseo es que Dios obre poderosamente para convertir esta visión en una realidad. Este libro hace ambas cosas: anima y desafía; y, al igual que los libros anteriores de Mack, este es un gran regalo y bendición para el pueblo de Dios".

Randy Newman, maestro en el C. S. Lewis Institute

"No hizo falta mucho tiempo para que este llegara a ser mi libro favorito sobre el tema de la evangelización; ¡en parte porque no pude dejarlo tras empezarlo! Presenta el evangelio con claridad y recibí una ayuda muy tangible. Pero que el lector calcule el costo. Puede que incite algo en ti de lo que no te puedas librar. Ya nunca me quedaré satisfecho con nada que no sea cultivar una cultura de evangelización en la iglesia que pastoreo. Alabo a Dios por lo que me dio a través de este libro y oro por más".

Jason C. Meyer, pastor de predicación y
visión de Bethlehem Baptist Church

"Imagina una iglesia local en la que cada miembro conoce el evangelio y camina en consecuencia, donde todos se preocupan por aquellos que no creen, donde es natural que los líderes y los miembros hablen sobre oportunidades evangelísticas, y donde los miembros regularmente están invitando a no creyentes a leer la Biblia juntos, o a asistir a un estudio bíblico de grupo pequeño, o a una reunión de domingo. Si esto te anima, entonces vas a querer leer este libro y dejar que Mack te guíe paso a paso hacia una cultura de evangelización, donde la evangelización es simplemente una consecuencia natural de una vida en el evangelio".

Juan R. Sánchez Jr., pastor de High Pointe Baptist
Church, Austin, Texas; autor de *1 Pedro para ti*

LA EVANGELIZACIÓN

IX 9Marcas EDIFICANDO IGLESIAS SANAS

LA PREDICACIÓN EXPOSITIVA
Cómo proclamar la Palabra de Dios hoy
David Helm

LA SANA DOCTRINA
Cómo crece una iglesia en el amor y en la santidad de Dios
Bobby Jamieson

EL EVANGELIO
Cómo la iglesia refleja la hermosura de Cristo
Ray Ortlund

DISCIPULAR
Cómo ayudar a otros a seguir a Jesús
Mark Dever

LA MEMBRESÍA DE LA IGLESIA
Cómo sabe el mundo quién representa a Jesús
Jonathan Leeman

LA DISCIPLINA EN LA IGLESIA
Cómo protege la iglesia el nombre de Jesús
Jonathan Leeman

LOS ANCIANOS DE LA IGLESIA
Cómo pastorear al pueblo de Dios como Jesús
Jeramie Rinne

LAS MISIONES
Cómo la iglesia local se vuelve global
Andy Johnson

LA CONVERSIÓN
Cómo Dios crea a Su pueblo
Michael Lawrence

TEOLOGÍA BÍBLICA
Cómo la iglesia enseña fielmente el evangelio
Nick Roark & Robert Cline

LA
EVANGELIZACIÓN

CÓMO
TODA LA
IGLESIA
HABLA DE
JESÚS

J. MACK STILES

Prefacio por David Platt

La evangelización:
Cómo toda la iglesia habla de Jesús
J. Mack Stiles

© 2015 por 9Marks

Traducido del libro *Evangelism: How the Whole Church Speaks of Jesus*
© 2014 por J. Mack Stiles. Publicado por Crossway, un ministerio editorial
de Good News Publishers; Wheaton, Illinois 60187, U.S.A. Esta edición fue
publicada por un acuerdo con Crossway.

Traducción: Daniel Puerto
Revisión: Olmer Vidales y Patricio Ledesma
Diseño de la carátula: Dual Identity, Inc.
Imagen de la carátula: Wayne Brezinka para brezinkadesign.com

Poiema Publicaciones
info@poiema.co
www.poiema.co

Impreso en Colombia
ISBN: 978-1-944586-59-1
SDG

Para mis hijos:
Tristan, David, Isaac y Stephanie

Salmo 127:3-5

CONTENIDO

ACERCA DE LA SERIE

¿Crees que es tu responsabilidad ayudar a edificar una iglesia sana? Si eres cristiano, creemos que lo es.

Jesús te ordena hacer discípulos (Mt 28:18-20). Judas nos exhorta a edificarnos sobre la fe (Jud 20-21). Pedro te llama a utilizar tus dones para servir a los demás (1P 4:10). Pablo te dice que compartas la verdad con amor para que tu iglesia madure (Ef 4:13, 15). ¿Ves de dónde lo estamos sacando?

Tanto si eres miembro de la iglesia o líder de ella, los libros de la serie *Edificando iglesias sanas* pretenden ayudarte a cumplir estos mandamientos bíblicos para que así juegues tu papel en la edificación de una iglesia sana. Dicho de otra manera, esperamos que estos libros te ayuden a crecer en amor por tu iglesia, tal y como Jesús la ama.

9Marcas planea producir un libro que sea corto y de agradable lectura acerca de cada una de las que Mark Dever ha llamado las nueve marcas de una iglesia sana y, un libro más, acerca de la sana doctrina. Consigue los libros acerca de la predicación expositiva, la teología bíblica, el evangelio, la conversión, la evangelización, la membresía de la iglesia, la disciplina eclesial, el discipulado y el crecimiento, y el liderazgo de la iglesia.

Las iglesias locales existen para mostrar a las naciones la gloria de Dios. Esto lo hacemos fijando nuestros ojos en el evangelio de Jesucristo, confiando en Él para salvación, y amándonos unos a otros con la santidad, la unidad y el amor de Dios. Es nuestra oración que el libro que tienes en tus manos sea de ayuda.

Con esperanza,
Mark Dever y Jonathan Leeman
Editores de la serie

PREFACIO

POR DAVID PLATT

Recuerdo cuando conocí a Mack Stiles. Estábamos enseñando juntos en una conferencia en los Estados Unidos y, mientras otros panelistas y yo usábamos la mayor parte de nuestro tiempo para hablar unos con otros, era raro encontrar a Mack entre nosotros. Yo me preguntaba por qué, hasta que descubrí que Mack estaba usando su tiempo para compartir acerca de Jesús con las personas que trabajaban en las instalaciones donde se estaba llevando a cabo la conferencia. Desde esa primera interacción con este hermano, me di cuenta de lo mucho que tenía que aprender de él. No mucho tiempo después, tuve el privilegio de viajar al lugar donde Mack dirige un ministerio para estudiantes universitarios y sirve como uno de los ancianos de una iglesia. Prediqué en la iglesia una mañana y, al finalizar, Mack me presentó a muchas personas de toda clase. En esencia, estas fueron las conversaciones que tuvimos (aunque he cambiado los nombres).

"Hola, me llamo Abdul", me dijo un hombre.

"Crecí siendo musulmán, pero hace un par de años, Dios me salvó por Su gracia de mis pecados y de mí mismo por medio de Cristo".

"Maravilloso —respondí— ¿Cómo oíste el evangelio?".

"A través de mi amistad con Mack —dijo Abdul— Me preguntó un día si quería leer con él el Evangelio según Marcos. Le dije que sí y, en cuestión de meses, el Espíritu Santo había abierto mi corazón para que creyera".

Luego me encontré con otro hombre, quien se presentó a sí mismo. "Hey, yo soy Rajesh. Fui hindú toda mi vida hasta que alguien me invitó a esta iglesia. No sabía nada acerca del cristianismo hasta que llegué aquí, pero Mack y otras personas comenzaron a reunirse conmigo y a mostrarme quién es Cristo y lo que Él ha hecho. Me sentía agobiado, pero después de explorar muchas preguntas que le hice a Mack, confié en Cristo para mi salvación".

Detrás de Abdul y Rajesh estaba Mateo. Mateo me dijo: "Crecí como un cristiano nominal sin una relación con Cristo, pero el año pasado Dios abrió mis ojos para que pudiera ver lo que realmente significa confiar en Cristo. Me arrepentí de mis pecados y creí en Cristo".

"Déjame adivinar —le dije— Mack te trajo a Cristo, ¿verdad?".

"No", me dijo. "Abdul y Rajesh lo hicieron. Pasaron horas conmigo en la Escritura, mostrándome lo que significa seguir a Cristo". Y Mateo me preguntó: "¿Puedo presentarte a Esteban? Es un amigo que está explorando el cristianismo, y vino conmigo a la iglesia esta mañana".

Estas conversaciones tuvieron lugar una y otra vez con varias personas. Yo estaba asombrado por la gracia de Dios, no solo porque había conocido a un cristiano apasionado por compartir el evangelio, sino porque había conocido una comunidad entera que estaba apasionada por compartir el evangelio. Mientras miraba alrededor, observé una contagiosa cultura de evangelización en la iglesia. Es una cultura de evangelización que no depende de los eventos, de los programas o de los profesionales del ministerio. En lugar de esto, es una cultura de evangelización que está ensamblada en personas que están llenas del poder del Espíritu de Dios, que proclaman el evangelio de la gracia de Dios en el contexto del día a día de sus vidas y relaciones.

Como resultado, no puedo pensar en alguien mejor equipado para escribir un libro que no solamente enseñe a cultivar una disciplina de evangelización como cristiano, sino que enseñe a crear una cultura de evangelización en la iglesia. Cuando leí este libro me vi subrayando línea tras línea, párrafo tras párrafo, orando mientras leía para que el Señor me use para crear esa cultura de evangelización en mi iglesia.

Este libro es bíblico y práctico. Es útil para los miembros de la iglesia y los líderes, y al final da gloria a Dios. Que el Señor bendiga la lectura de este libro en tu vida e iglesia —y en multitudes de vidas e iglesias— con el fin de que su iglesia pueda ver a más personas como Abdul, Rajesh, Mateo y Esteban llegar a creer en Cristo para salvación, por medio de la fe aquí y alrededor del mundo.

David Platt, Presidente de *Southern Baptist Convention's International Mission Board*

INTRODUCCIÓN

"Hijo, ¿de qué se trata tu libro?".

Esa fue la pregunta que me hizo la anciana que pasó a buscar a mi suegra para ir a su partida semanal de cartas. Mientras colocaba el andador en el asiento trasero de su automóvil, pensaba en qué responderle. Quería decir algo como: "No es solamente un libro de evangelización, sino que es un libro acerca de cómo desarrollar una cultura de evangelización". Ella notó mis dudas, miró a mi suegra, y me dijo: "Bueno, ¿cuál es el título?".

De nuevo me detuve, mirando al cielo. Mi suegra vino a mi rescate: "Es acerca de la evangelización". Dijo esas palabras en un tono adecuado para personas que ya no escuchan tan bien como solían.

"Oh", dijo su amiga. Había como signos de interrogación en esa expresión. Cerré la puerta del automóvil.

"Bueno, es más acerca de hacer que *toda la iglesia* comparta su fe", dije.

La amiga parecía incluso más confusa. "Ya...", dijo. Entonces se dirigió a mi suegra. "Bueno, Ann, yo sé que estás *muy* orgullosa", dijo mientras me daba palmaditas en el brazo. No importaba que el propio autor no fuese capaz de aclararse acerca de qué trataba el libro.

Lector, déjame explicarlo mejor esta vez. Este libro trata sobre la evangelización *bíblica*. No creo que los cristianos intencionalmente se lancen a escribir libros sobre la evangelización basados en principios no bíblicos, pero sucede. Sucede porque existen ideas erróneas acerca de los componentes esenciales de la evangelización. Normalmente esas ideas erróneas están basadas en principios de mercadeo o en un entendimiento meramente humano sobre cómo convencer a alguien para que entre al reino. Si nosotros no tenemos claro qué es la evangelización bíblica, posiblemente no estemos evangelizando.

Por ejemplo, un ama de casa reunida con su amiga para compartir una taza de café puede estar evangelizando, mientras que un brillante apologista cristiano que hable a miles en un templo puede no estar haciéndolo. Pocos lo ven de esta manera, ya que tenemos un entendimiento equivocado de lo que la evangelización es verdaderamente. Defender la fe es algo bueno, pero es fácil defender el cristianismo sin explicar el evangelio; y no podemos evangelizar sin el evangelio.

Tenemos que saber de qué estamos hablando cuando mencionamos palabras como "evangelización", "conversión" o incluso "evangelio". Estas palabras tienen diferentes definiciones en la mente de las personas, y a menudo vienen acompañadas de signos de interrogación. Si los cristianos no entienden estos conceptos básicos, rápidamente nos saldremos de la órbita bíblica. Por tanto, utilizaremos el primer capítulo para trabajar estas definiciones.

Dicho sea de paso, muchos querrán utilizar la palabra *misional* para referirse a lo que yo llamo una "cultura de evangelización". Entiendo sus razones, pero deseo quedarme con la palabra *evangelización*. Es una palabra bíblica importante, y es la palabra que utilizo en todo este libro.

Este libro *trata* acerca de la evangelización pero, más que eso, trata acerca de desarrollar una cultura de evangelización. Este es el tema del capítulo. Cuando hablo de una "cultura de evangelización", no me refiero a tener muchos programas para evangelizar. De hecho, puede que te sorprenda que animaría a muchas iglesias a eliminar sus programas de evangelización. Te diré por qué después, pero por el momento baste decir que quiero explorar cómo podemos integrar la responsabilidad que tiene cada cristiano de compartir su fe con la comunión en nuestra iglesia, multiplicando así los esfuerzos individuales.

Gran parte de nuestro problema con la evangelización es que no tenemos una visión suficientemente grande de la iglesia. Creo que Dios ama al mundo y tiene un plan maravilloso para la evangelización: su iglesia. De esto trata el capítulo.

Ya que este libro es sobre la evangelización y sobre una cultura de evangelización en la vida de la iglesia, también describe las plataformas —a menudo descuidadas— que los cristianos deben construir para llevar a cabo esfuerzos evangelísticos sanos. Este es el tema del cuarto capítulo. Ejemplos:

- Una preparación intencional para la evangelización
- Un estilo de vida moldeado por el evangelio
- No suponer el evangelio
- La evangelización como una disciplina espiritual
- La oración
- Un liderazgo evangelístico

Después, por supuesto, necesitamos explorar los principios básicos que moldean la práctica de compartir nuestra fe, esas cosas que debemos hacer para vivir como embajadores de Cristo en un mundo lleno de pecado. De eso trata el capítulo.

Tengo buenos amigos que piensan que soy un evangelista; no estoy tan seguro de que lo sea. Anhelo ver personas conociendo a Jesús. Y me veo como una persona que desea ser fiel en la evangelización. Pero quiero que la gente sepa que enfrento temores acerca de lo que otros piensan de mí cuando hablo de asuntos espirituales. Soy muy consciente de mis errores y limitaciones en la evangelización. Y cuando miro alrededor, veo a muchos otros que son mejores evangelistas que yo. Si soy un evangelista, soy un evangelista mediocre.

Pero sí hay una cosa —por la gracia de Dios— en la que creo que soy bueno: creo que Dios me ha usado para desarrollar culturas de evangelización. A través de los años, ayudando a establecer ministerios estudiantiles o plantando iglesias, me he querido asegurar de que esas comunidades tuviesen la evangelización en su ADN, que la tuvieran como uno de sus valores y como su cultura.

Esta es la pasión que me dirige, y por eso estoy muy entusiasmado con este libro. Es una forma de tomar las cosas que amo y compartirlas contigo.

1

DE LOS LLAMADOS AL ALTAR
Y LAS LUCES DE LÁSER

Yo era uno de esos locos por Jesús —un bicho raro— de la década de los 70. Durante los primeros meses de mi primer año en la universidad, traje a mi amigo y compañero de habitación —llamado John— a Jesús. Un domingo, no mucho tiempo después, decidimos asistir a la gran iglesia bautista del centro de Memphis.

Yo era todo un personaje: lucía un enorme afro pelirrojo, unos *jeans* acampanados y una gabardina de lana color púrpura. Estábamos entre personas con cortes de pelo muy formales y trajes.

El predicador predicó, todas las estrofas se cantaron, y luego vino la invitación. El predicador expresó con mucha firmeza que preferiría que alguien saliera durante su sermón, pero no durante la invitación, ya que esta era "la parte más importante de la reunión". Llegó la invitación para que las personas entregaran sus vidas a Jesús. Se alzaron las manos. Nos dieron las gracias y nos dijeron que simplemente nos levantáramos de nuestros asientos y pasáramos al frente. El predicador dijo: "Si no puedes ponerte de pie públicamente por Jesús en la iglesia, nunca darás un paso al frente por Jesús fuera de estas paredes". La lógica me pareció indestructible.

John, con su cabeza inclinada pero con sus ojos abiertos —en contra de las instrucciones—, me susurró: "¿Crees que debería pasar al frente?".

"Bueno, no te va a doler —le dije— yo te acompaño". John se levantó del banco y yo le seguí.

Docenas de personas se levantaron de su silla y caminaron hacia el frente. Sin saberlo nosotros, la mayoría eran ujieres. Cuando llegamos al frente, las filas semicirculares de bancos nos rodeaban. La congregación, más numerosa de lo que parecía desde nuestros asientos de atrás, parecía inclinarse y enfocarse en nosotros, sonriendo.

En un segundo, el predicador estaba a mi lado.

"Hijo —me dijo con una voz amable— ¿por qué estás aquí hoy?". Apoyó el micrófono sobre su pierna y pasó el largo cable por detrás de sus pies con un giro rápido de muñeca que ya tenía practicado.

"Bueno —le dije— mi amigo John aceptó a Jesús hace un par de semanas, y quiso levantarse por Jesús". El pastor miró a John, cuya vida era un desastre, pero cuya forma de vestir era más conservadora. Él asintió con su cabeza hacia John y dijo: "Maravilloso, hijo". Mirándome nuevamente me preguntó: "¿Y qué te trajo a ti aquí al frente?".

Yo estaba mirando hacia arriba, a la galería y a las luces del auditorio, con asombro, como si fuera un chico del campo en una gran ciudad. "Bueno, yo... quise apoyar a John", balbuceé.

"Ya veo", dijo el predicador meneando su cabeza; su brazo ya estaba sobre mi hombro. "Hijo, ¿eres cristiano?".

"Sí, lo soy", dije.

"¿Te gustaría dedicar nuevamente tu vida a Jesús?". Las complejidades teológicas de esa pregunta estaban lejos de mi comprensión, así que dije: "Bueno, sí, supongo".

Entonces el predicador acercó el micrófono a sus labios y miró también hacia la galería. Localizó la cámara de televisión recientemente instalada y apuntó con su mano abierta hacia ella. "Me gustaría deciros a todos los que nos veis por televisión que estos dos jóvenes han venido para entregar sus vidas a Jesús. Puedes hacer lo mismo en tu casa ahora mismo, allá donde estés sentado...".

Necesité años para entender lo que había sucedido.

¿QUÉ ES LA EVANGELIZACIÓN?

Cuando pienso en aquella reunión dominical que tuvo lugar hace tantos años me pregunto: ¿Hubo evangelización aquella mañana en esa iglesia?

Deberíamos ser cuidadosos en cómo respondemos a esta pregunta. Muchas personas se han convertido al caminar por un pasillo después de escuchar una invitación al altar. Recientemente —en una convención de pastores en el *Southeastern Seminary*— el presidente, Danny Akin, indicó que los pastores allí reunidos eran sofisticados culturalmente, tenían buena educación y eran robustos teológicamente. Ninguno de ellos pensaría en hacer un llamado al altar como el que experimenté en Memphis. Pero entonces Akin preguntó, "¿cuántos de vosotros vinisteis a la fe en una iglesia que evangelizaba de formas que ahora rechazaríais?". Casi todos los pastores levantaron su mano.

Esta respuesta debería hacernos pausar. Hay mucho espacio para la humildad cuando hablamos de la evangelización. Debemos reconocer que Dios es soberano y puede hacer lo que quiera para traer a las personas a sí mismo. No hay ninguna fórmula que dicte cómo Dios debe obrar en la evangelización. Y aunque podamos estar en desacuerdo con las prácticas evangelísticas de individuos, ministerios, o iglesias, también debemos reconocer que cuando las personas desarrollan con un buen corazón compromisos con la evangelización, Dios puede producir fruto verdadero.

Me quedo con la gente que practica la evangelización de la mejor manera que puede, sobre aquellos que renuncian a evangelizar hasta que tengan la manera perfecta de hacerlo. ¿Recuerdas cómo Priscila y Aquila gentilmente instruyeron a Apolos en sus esfuerzos evangelísticos (Hch 18:26)? Pablo incluso se regocijaba por la evangelización llevada a cabo con motivos egoístas por parte de aquellos que le causaban problemas (Fil 1:17-18). Así que cuando las personas vengan a la fe mediante medios y métodos extraños, primero deberíamos animarnos por el hecho de que Dios toma las semillas más pequeñas de la verdad del evangelio y las hace crecer hasta convertirlas en el gran fruto de la reconciliación del evangelio en los corazones de las personas.

Déjame ser claro: no creo que las invitaciones al altar sean rotundamente erróneas. Sin embargo, cuando pienso en mi experiencia en Memphis, es fácil ver cómo los métodos de aquellos días eran conducidos mayormente por un deseo de resultados inmediatos: había demasiado énfasis en una decisión y en caminar por un pasillo, demasiada preocupación por la audiencia televisiva, y muy poca preocupación por la situación verdadera de mi alma y mi pecado.

Muchas personas han respondido a llamados al altar por décadas. Pero por cada uno que respondió habiendo sido genuinamente convertido, ha habido muchos más que meramente pasaron al frente de un edificio de iglesia por otro tipo de compulsión; como John y yo. Más importante aún, aunque las personas vengan a Jesús a través de varios medios, la Biblia *nunca* usa los resultados para guiar o justificar una práctica evagelística.

Por tanto, cuando nos proponemos evangelizar, debemos comenzar con fundamentos bíblicos. Debemos considerar estos fundamentos para que moldeen, guarden, e informen nuestra manera de compartir nuestra fe, en lugar de empezar buscando una forma de obtener un máximo impacto. Debemos ser muy cuidadosos para conformar nuestra práctica evangelística a la Biblia, pues esto honra a Dios.

Tristemente, lo que a menudo dirige nuestras prácticas evangelísticas es el mundo —quizá el mundo de los negocios o la sección de autoayuda de la librería— más que las Escrituras. Satanás juega con nuestro deseo de obtener resultados ofreciendo un ministerio televisivo más grande o un beneficio financiero. Incluso nos tienta con deseos aparentemente buenos, como una membresía más amplia o la firme convicción de que si un niño hace la oración del pecador, él o ella se convertirá en un creyente comprometido sin importar cómo viva. En todo esto, las personas cambian los principios bíblicos por deseos mundanos, y nuestras prácticas evangelísticas se tuercen.

Pablo se regocijaba cuando el evangelio era predicado independientemente de las motivaciones porque sabía que Dios cumpliría Sus propósitos a través de Su Palabra. Pero Pablo también corrigió prácticas evangelísticas torcidas: enfatizó que no debemos manipular, cambiar el mensaje o engañar (por ejemplo 2Co 4:1-2). En lugar de esto, deberíamos buscar motivaciones puras con amor por las personas y por Cristo, con una convicción profunda de la verdad (2Co 5:11-15). Y debemos confiar en que el Señor añadirá a las personas (Hch 2:47).

Piensa en cuántas cosas de aquella iglesia de Memphis estaban al borde del error:

- ¿Pensaba el pastor verdaderamente que la parte más importante de la reunión era la invitación, más que la Palabra de Dios correctamente predicada?
- ¿Dónde vemos en la Biblia a personas levantando sus manos para pedir a Jesús que entre en sus corazones? Y, ¿cuándo caminar por un pasillo reemplazó al bautismo como demostración pública de nuestra fe, en una iglesia bautista? ¡Por el amor de Dios!
- ¿No era manipulación tener ujieres preparados para levantarse de sus asientos mostrando una aparente respuesta a la invitación? ¿Acaso el uso de términos no bíblicos como "dedicar nuevamente tu vida a Jesús" no falla en explicar la verdad (2Co 4:2)?
- ¿Tenía el pastor el propósito de mentir públicamente cuando dijo que John y yo habíamos entregado nuestras vidas

a Jesús, aunque no lo habíamos hecho? ¿O estaba tan ciego por sus lentes culturales que había ignorado a los dos hermanos en Cristo que tenía enfrente? ¿Éramos solamente un objeto para mostrarle al mundo la efectividad de sus esfuerzos evangelísticos?

En realidad, los dos jóvenes que estuvieron frente a aquel pastor fueron las personas más ignoradas, y esa omisión es lo que me hace querer dar saltos y gritar. Aquel hombre perdió de vista un ejemplo vivo del mejor tipo de evangelización que existe: un chico de dieciocho años, que no podría haber encontrado el Evangelio según Marcos sin la ayuda del índice de la Biblia, había llevado a su amigo a Jesús simplemente porque lo amó lo suficiente para explicarle lo que sabía acerca del mensaje del evangelio. Y sospecho que la congregación también estaba tan cegada por el alboroto de un impecable programa y una audiencia de televisión que tampoco pensaron en ello.

UNA DEFINICIÓN DE LA EVANGELIZACIÓN

Entonces, ¿cómo sabemos cuándo estamos evangelizando de verdad? La respuesta depende de cómo definamos la evangelización. Definir la evangelización de una manera bíblica nos ayuda a alinear nuestra práctica evangelística con las Escrituras. A continuación doy una definición que me ha servido durante muchos años:

La evangelización es enseñar el evangelio con el objetivo de persuadir.

Una definición corta, ¿no crees? Apuesto que la mayoría de la gente esperaría mucho más de una palabra teológica tan importante. Pero esta definición —por pequeña que sea— ofrece un mejor equilibrio para evaluar nuestra práctica evangelística, en lugar de contar cuántas personas respondieron a un llamado. Casi al mismo tiempo que John y yo asistimos a la iglesia de Memphis, compré una Biblia para él. Era la *Amplified Bible*, la cual, si no la has visto, ofrece montones de sinónimos para palabras clave. Así es como la Biblia amplificada podría expandir mi definición:

La *evangelización* es *enseñar* (anunciar, proclamar, predicar) el *evangelio* (el mensaje de Dios que nos lleva a la salvación) con el *objetivo* (la esperanza, el deseo, la meta) de *persuadir* (convencer, convertir).

Observa que la definición no requiere una respuesta externa inmediata. Caminar por un pasillo, levantar una mano, o incluso hacer una oración son acciones que nos pueden sugerir que la evangelización ha tenido lugar, pero tales acciones no son evangelización. También observa que si cualquiera de los cuatro componentes falta, es probable que estemos haciendo algo diferente a la evangelización.

Si pudiera, me encantaría retroceder en el tiempo y enseñar a la iglesia de Memphis lo que es realmente la evangelización. Les advertiría que en la iglesia a nivel mundial hay mucha enfermedad porque las iglesias llaman evangelización a algo que verdaderamente no lo es. "Por favor —les rogaría— cuando enseñen, no enseñen a la gente cómo comportarse durante una invitación. Enseñen claramente qué es el evangelio y qué es lo que se requiere de una persona para que se vuelva a Cristo".

Urgiría a la iglesia a que busque persuadir a la gente, pero que persuada sin manipulación. Les animaría a no excluir las partes difíciles de la vida cristiana, aun cuando esto sea tentador; que no confudan la respuesta humana por un mover del Espíritu; y que no mientan acerca de los resultados. "Y, por favor —les diría— tengan cuidado con llamar a las personas 'cristianas' sin ver primero evidencia de que verdaderamente son seguidores convertidos".

Por supuesto, midiendo con los estándares de hoy en día, es fácil burlarse de esas viejas prácticas eclesiales. Pero, si somos honestos, tenemos que decir que nos enfrentamos a la misma tentación de sacrificar los principios bíblicos por los resultados y el "éxito". Al mirar a mi alrededor, no veo que las cosas hayan cambiado mucho, aparte de la forma de practicar una evangelización no bíblica. A menudo no se enseña el evangelio, y palabras que no tienen su origen en la Biblia diluyen el significado verdadero y penetrante del pecado, la muerte, y el infierno, o se confunde a aquellos que genuinamente están buscando la verdad.

Las promesas de salud y riqueza engañan a los más vulnerables: a los pobres, a los desfavorecidos y a los enfermos. Y muchas iglesias ofrecen un "evangelio" que no cuesta nada, cómodo y que da beneficios; el cual no se encuentra en ningún lugar de las Escrituras. De hecho, el evangelio es reducido a lo que Pablo llama "un evangelio diferente", el cual no es el evangelio en absoluto

(Gá 1:6-7). Al servir a los deseos de la gente, las iglesias comunican que su atención se centra en los que no son cristianos, no en la gloria de Dios reflejada por su pueblo cuando le adora.

Las sublimes estrofas de los coros han sido reemplazadas por espectáculos de luces láser, con el fin de que una reunión de iglesia se convierta en un lugar para entretenerse más que para adorar. Jesús atraía a la gente, pero nunca les entretenía; esa es una enorme diferencia que se ha perdido en la iglesia moderna. Igualmente, apelar a la atención de los amigos, los seguidores o los convertidos a través de las redes sociales se parece mucho a las antiguas cámaras de televisión ubicadas en las galerías de las iglesias: pueden tentar a los líderes de las iglesias a perder de vista a las personas que tienen enfrente. La labor comercial basada en la presión ha sido reemplazada por la venta fácil de la autoayuda.

Estas cosas son el resultado de las mismas tentaciones mundanas que socavan la evangelización bíblica, tanto es así que los que se burlan de las antiguas prácticas puede que deban pedir perdón a aquella iglesia de Memphis.

Pero hay una respuesta para tales tentaciones. No hay diferencia entre hoy y como eran las cosas en mi primer año de universidad, o en las primeras iglesias de la época de Pablo. La solución es fijar en nuestras mentes y corazones los principios bíblicos de una evangelización centrada en el evangelio. Debemos aprender cómo enseñar el evangelio con integridad y mantener presente el objetivo principal de la verdadera conversión.

Así que, "amplifiquemos" con cuidado las cuatro partes de mi definición: "enseñar", "evangelio", "objetivo" y "persuadir".

ENSEÑAR

En primer lugar, no hay evangelización sin palabras. Al fin y al cabo, Jesús es el Verbo, y el Verbo era con Dios (Jn 1:1).

El uso más importante que le podemos dar a las palabras en la evangelización es la enseñanza. Si lo piensas, tiene sentido. Los seres humanos no podemos encontrar un camino de salvación por nuestra cuenta. Por tanto, la salvación debe ser revelada a nosotros por Dios a través de Sus palabras. La enseñanza también es el patrón que vemos en la Biblia. La Biblia es un libro de enseñanza. Desde Génesis hasta Apocalipsis, la Biblia nos enseña. Y la Biblia nos dice que enseñemos a otros: a nuestros niños, a nuestros prójimos, a los extranjeros que viven entre nosotros. A las mujeres de más edad se les instruye a enseñar a las mujeres más jóvenes. El único requisito para los ancianos —además de ser prudentes seguidores de Jesús— es que sean aptos para enseñar.

Ya que la enseñanza está por todas partes en las Escrituras, es posible que perdamos de vista su importancia. Jesús vio que las multitudes eran como ovejas sin pastor, por lo que alimentó a miles con unos pocos panes y peces (Mr 6:34-44; Lc 9:10-17). Estos milagros nos maravillan, y así debería ser. Pero lo interesante es que, en cada caso, el *primer* acto de compasión de Jesús fue enseñar.

Muchos de nosotros pensamos en la predicación cuando pensamos en la evangelización, y debería ser así. Quiero que cada sermón que predico contenga el evangelio. Indudablemente Pablo hizo su parte de predicación evangelística. Sin embargo, cuando Pablo describe su ministerio, a menudo dice que es un ministerio de enseñanza (1Ti 2:7; 2Ti 1:11). J. I. Packer —en su análisis de la práctica evangelística de Pablo— dice que el método evangelístico de Pablo fue principalmente un método de enseñanza.[1]

Esta es una buena noticia para aquellos de nosotros que no predicamos todos los domingos. No todos podemos ser predicadores, pero todos podemos enseñar el evangelio cuando tengamos la oportunidad. A menudo me pregunto si más gente viene a la fe durante el almuerzo, cuando alguien pregunta: "¿Qué te pareció el sermón de hoy?", que durante el sermón mismo. Grandes cosas ocurren cuando podemos enseñar el evangelio. Poder enseñar el evangelio beneficia nuestra vida espiritual, ya que hace que nos aseguremos de estar viviendo según ese evangelio. Una de las primeras cosas que deberíamos hacer cuando tomamos la Santa Cena es comprobar si nuestras vidas están alineadas con el evangelio. Pregúntate a ti mismo: ¿Estoy viviendo una vida de fe en la obra de Cristo? ¿Estoy mostrando la gracia del evangelio a los que me rodean? ¿Perdono sacrificialmente a quienes me han hecho daño?

Si no sabes cómo enseñar el evangelio, quizá no lo entiendas verdaderamente. Y si no lo entiendes, quizá no seas un verdadero cristiano. Conozco a muchas personas que pensaban que eran creyentes, pero cuando comenzaron a estudiar el evangelio con el fin de enseñarlo, se dieron cuenta de que en realidad nunca se habían arrepentido de su pecado y nunca habían puesto su fe en Jesús.

Pero, sobre todo, recuerda que el evangelio debe ser enseñado antes de que alguien pueda llegar a ser cristiano.

En el transcurso de los años, cuando he guiado a personas a Cristo, ha sido generalmente debido a que un no cristiano estuvo dispuesto a estudiar las Escrituras conmigo. Tal vez era un grupo de estudiantes que leían el Evangelio según Marcos en un campamento o una conferencia. Quizá algunas personas en una cafetería o solo una persona durante un almuerzo. No importa dónde ni con quién, el proceso es simple: leemos el pasaje y hablamos de lo que significa. Con el tiempo —solos o en grupo— la gente viene a Jesús porque se les enseña el evangelio. Tal enseñanza puede que no sea tan emocionante como un avivamiento masivo, pero si cada cristiano hiciera esto con amigos no cristianos, tendría un alcance mucho mayor y auténtico.

EVANGELIO

No enseñamos matemáticas o biología. Enseñamos el evangelio. Es importante enseñar bien el evangelio porque hay mucha confusión en todo el mundo acerca de lo que este es.

Hay dos errores que podemos cometer cuando hablamos del evangelio. Podemos hacerlo demasiado pequeño o demasiado grande. Ambos errores giran en torno a malentendidos acerca de las implicaciones del evangelio. Estas implicaciones fluyen de lo que creemos en cuanto al mensaje del evangelio.

Un evangelio reducido

Hacemos el evangelio demasiado pequeño al pensar que este solamente "nos salva", como si se tratara de un seguro contra incendios, sin comprender las implicaciones que tiene para toda nuestra vida.

Puesto que el evangelio manifiesta el corazón de Dios, tiene sentido que los temas del evangelio nos guíen en cómo vivir;

aspectos como el amor, la reconciliación, el perdón, la fe, la humildad, y el arrepentimiento, entre otros. Vemos que el evangelio se convierte tanto en la puerta de la salvación como en la pauta para nuestra vida.

Tim Keller ha escrito magníficamente acerca de lo que es una vida centrada en el evangelio, explicando que el evangelio no es meramente el ABC de la vida cristiana —el camino de salvación— sino que también el abecedario completo de la vida cristiana, de la A hasta la Z.[2] El evangelio informa nuestra manera de vivir. Hablaremos más de una vida centrada en el evangelio en el capítulo 4.

Un evangelio hinchado

Hacemos el evangelio demasiado grande cuando decimos que lo es todo. Esto lo hacemos cuando pensamos que somos salvos por la fe y por las diversas implicaciones del evangelio. Por ejemplo, gran parte del mundo cristiano cree que somos salvos por la fe y por las buenas obras. Otros —tal vez la mayoría— creen que la fe y la ley son las que salvan.

Muchas cosas han sido añadidas al evangelio a lo largo de la historia. Siempre es el mismo error. Las personas añaden cosas que pueden ser buenas, incluso religiosas, como vivir una vida moral, cuidar a los pobres, u observar los sacramentos del bautismo y la Santa Cena como indispensables para la salvación. Todas estas son partes importantes de la vida cristiana y son privilegios para los cristianos. Pero, aunque brotan del evangelio, no pueden salvarnos. Las añadiduras al evangelio —por muy buenas o bien intencionadas que sean— corrompen el evangelio.

Una buena definición del evangelio

Así que, cuando hablamos de vivir la vida cristiana estamos hablando de vivir los aspectos y las implicaciones del evangelio. Pero cuando hablamos de la salvación, nos centramos en el mensaje del evangelio. Cuando compartimos nuestra fe, nos centramos en ese *mensaje* que lleva a la salvación. Es importante observar que cuando la Biblia usa la palabra *evangelio* —tanto en el Antiguo Testamento[3] como en el Nuevo— lo hace siempre en relación con la salvación. A continuación se ofrece una buena definición con la cual vamos a trabajar:

> *El evangelio es el gozoso mensaje de Dios*
> *que nos lleva a la salvación.*

Esta es otra definición que nos puede parecer menos de lo que esperábamos, porque nos preguntamos: "Entonces, ¿en qué consiste el mensaje de salvación?".

El *mensaje* del evangelio responde a cuatro grandes preguntas: ¿Quién es Dios? ¿Por qué estamos en una situación tan desastrosa? ¿Qué hizo Cristo? Y, ¿cómo podemos volver a Dios? En este mundo no hay preguntas más importantes que responder que estas, y las respuestas se resumen en el siguiente esquema: Dios, el hombre, Cristo y la respuesta (véase el apéndice para encontrar diversos pasajes de la Escritura que apoyan este bosquejo):

- Dios es nuestro Creador. Él es amoroso, santo y justo. Un día ejecutará perfecta justicia contra todo pecado.

- Las personas fueron hechas a la imagen de Dios. Somos criaturas maravillosas y asombrosas con dignidad, honor y valor. Pero por nuestra voluntaria rebelión contra Dios, hemos pasado de ser Sus hijos a ser Sus enemigos. Sin embargo, todos los seres humanos tienen la capacidad de estar en una relación restaurada con el Dios vivo.

- Cristo es el Hijo de Dios, y Su vida sin pecado le dio la capacidad de convertirse en el sacrificio perfecto. Con Su muerte en la cruz, rescató a personas pecadoras. La muerte de Cristo pagó por los pecados de todos aquellos que vienen a Él con fe. La resurrección de Cristo de entre los muertos es la reivindicación definitiva de la veracidad de estas declaraciones.

- La respuesta que Dios requiere de nosotros es que reconozcamos nuestro pecado, nos arrepintamos y creamos en Cristo. Así que le damos la espalda al pecado, especialmente al pecado de incredulidad, y nos volvemos hacia Dios en fe, entendiendo que le seguiremos el resto de nuestra vida.

Otra forma de contar la misma historia es a través del siguiente esquema: creación, caída, redención y consumación. Hay muchos otros buenos resúmenes del evangelio. El esquema particular que utilices no importa, siempre y cuando enseñes a la gente el mensaje que deben entender para ser reconciliados con Dios.

La esperanza en la evangelización es que nos empapemos de la verdad del evangelio y de vivir el evangelio, y que nos dediquemos al estudio del evangelio, de tal manera que el evangelio no pueda sino fluir de nosotros mismos.

OBJETIVO

Al enseñar el evangelio, tenemos un objetivo. La palabra *objetivo* es una palabra pequeña, y podría ser fácil pasarla por alto al analizar la definición de la evangelización. Pero es posible que el objetivo sea lo que nos haga tropezar con mayor frecuencia en la evangelización, especialmente a los creyentes más maduros.

Nuestro objetivo proviene de entender que todas las personas a las que hablamos se dirigen a uno de estos dos finales: la vida eterna o el castigo eterno. Así que no nos limitamos a exponer hechos del evangelio de una forma académica o desordenada. Tenemos una meta o dirección cuando enseñamos el evangelio.

Tener un objetivo también nos recuerda que la gente necesita más que recibir una transferencia de datos. Aquellos que piensan en la evangelización solamente como enseñanza hacen un buen trabajo explicando, ampliando, y respondiendo preguntas, tal y como todos deberíamos hacer. Todos los cristianos deberíamos dedicarnos a meditar en las razones de la esperanza que tenemos en Cristo, razones que disipan las objeciones y las preguntas. Pero a medida que exponemos los hechos del evangelio, recordar el objetivo de la evangelización nos ayuda a ser compasivos, comprensivos y amorosos (1P 3:15).

Poseer un objetivo nos ayuda a mantener la perspectiva de lo que estamos haciendo. Nos dirige hacia una meta. Nuestro objetivo nos ayuda a recordar que hay mucho en juego: ver gente pasar de las tinieblas a la luz, de la esclavitud a la libertad. Tener ese objetivo de mayor dimensión nos ayuda a saber qué lucha escoger y cuál evitar.

Estaba en un programa de radio cuando una mujer llamó para preguntar: "¿Debería ir al bautizo católico del bebé de mi hermana?". Después comenzó a hablar con un poco de enojo, incluso con odio, por el hecho de que su hermana pensara que aquello "salvaría" a su bebé.

Le interrumpí diciendo: "Creo que deberías ir, pero no para apoyar una comprensión no bíblica de la conversión. Creo que deberías ir porque tienes un objetivo mayor que solamente corregir el malentendido teológico de tu hermana acerca del bautismo. Deberías ir y ser de apoyo, con amor, porque anhelas hablar a tu hermana acerca de la única forma mediante la que puede ser salva... y también, de paso, para hablar a tu sobrino".

Mi deseo era que ella tuviera un objetivo mejor, para que no perdiera de vista la meta de la evangelización.

PERSUADIR

En la evangelización, no todos los objetivos son válidos. Nuestra meta es muy específica: persuadir a otros a que se conviertan, para que lleguen a ser seguidores de Cristo.

Pablo dice que persuadimos a otros para que sigan a Jesús (2Co 5:11). Desde mi punto de vista, la palabra *persuadir* es útil porque nos protege del error: nosotros persuadimos, pero no manipulamos; persuadimos, pero no somos los que causamos el arrepentimiento o la conversión. Por supuesto, anhelamos ver a personas convertidas porque entendemos que la conversión es necesaria para que lleguen a ser cristianas. Pero la verdadera conversión es obra del Espíritu Santo.

La conversión es el aspecto de la fe cristiana más malentendido. Fue de confusión cuando Jesús se lo enseñó a un líder religioso de Su tiempo (Juan 3). Sigue siendo algo confuso hoy, tanto para los cristianos como para los que no lo son. Así que es bueno que pasemos un poco de tiempo explicando qué es.

En el contexto musulmán donde vivo, muchas personas de otros trasfondos de fe se extrañan cuando me oyen predicar que nadie nace cristiano, que todos los cristianos son convertidos. Incluso aquellos que tienen un trasfondo cristiano están confundidos acerca de la conversión, porque muchos vienen de tradiciones que enfatizan que una persona es cristiana por razones externas. Pero la Biblia enseña claramente que la conversión no es una función automática de la religión de tus padres, de la iglesia a la que te unes, o de lo que dice tu pasaporte. La conversión no se basa en tus logros académicos, aunque estos procedan de una institución religiosa. La conversión proviene de una fe en Jesús verdadera, consciente y genuina.

Pero de la misma manera que no podemos producir la conversión, tampoco podemos producir una fe genuina. Este territorio también pertenece al Espíritu Santo.

Mi amigo Jeff estaba hablando a su compañero —un agente de bolsa— acerca del cristianismo durante el almuerzo. Cuando la conversación se hizo más profunda, su compañero le dijo en un tono condescendiente: "Sí, Jeff, ojalá tuviera tu fe".

Jeff respondió: "Bueno, la fe es un regalo. En realidad, no tiene nada que ver conmigo. Dios es quien la da, así que oraré para que recibas este regalo". Esta no era la respuesta que el hombre se esperaba, pero fue la respuesta correcta. La conversión es requerida, pero la conversión es una función de la fe genuina, la cual es dada por el Espíritu.

Pero tal vez lo más importante que debemos entender acerca de la conversión es cómo esta se manifiesta tras haberse producido.

FUEGO EN LA SINAGOGA: CÓMO SON
LOS VERDADEROS CONVERTIDOS

La conversión no es meramente un buen sentimiento. No es solo un cambio de mentalidad. No se trata simplemente de empezar de nuevo. Estas cosas pueden suceder, pero pueden ocurrir por otras razones que no sean la conversión. La verdadera conversión es algo único. Nace del arrepentimiento y la fe, y su fruto es una vida transformada.

Recientemente fui a escuchar a James McPherson —el historiador ganador del premio Pulitzer— en una conferencia sobre las batallas navales de la Guerra Civil. La conferencia, patrocinada por la sociedad histórica local, se celebró en una gran sinagoga. El auditorio estaba repleto. Había cierta electricidad en el ambiente mientras esperábamos para oír al conocido profesor de Princeton.

Cuando el Dr. McPherson subió al escenario, tomó el mando. Su voz resonante, su ironía, y su dominio increíble del material cautivaron a la audiencia. Pero a la mitad de la conferencia, la alarma de incendios sonó. Fue una alarma seria. No era meramente el sonido ensordecedor que salía de las bocinas, sino que también había focos que emitían destellos deslumbrantes de forma intermitente.

El Dr. McPherson se quedó congelado. Su mirada con los ojos bien abiertos me recordó a un búho despertado repentinamente de su sueño. Volteaba su cabeza de lado a lado, sin saber qué hacer. Ya que —aparentemente— nadie en la audiencia asistía a la sinagoga, nadie tomó la iniciativa para arreglar el asunto. Solamente mirábamos alrededor, sonriendo al que teníamos al lado, preguntándonos qué hacer. La alarma continuó sonando por largo rato, parecía una eternidad. La gente comenzó a conversar en pequeños grupos mientras esperaban que la alarma se apagara.

"Tal vez sea verdad que hay un incendio", pensé. Pero rápidamente descarté la idea: normalmente son falsas alarmas; supuse que la alarma tenía que reconfigurarse. Además, nadie más parecía pensar que hubiese algún problema; excepto un hombre que se puso de pie, caminó con calma hacia la salida, y abandonó el edificio. No creo que muchos se dieran cuenta. Pronto la alarma se apagaría y el Dr. McPherson siguió donde se había quedado.

Si esta fuese una parábola de la verdadera conversión, solo hubo un converso en la sala, solo un verdadero creyente; el resto nos quedamos atrapados en nuestra racionalización. Tal vez algunos pensaron que sí había un incendio, pero no lo creyeron lo suficiente como para salir del lugar. En un sentido bíblico, no estamos persuadidos a menos que nos arrepintamos, pongamos nuestra fe genuina en Jesús, y caminemos con Él.

Ahí las tienes: las cuatro partes de mi definición de la evangelización.

¿QUÉ PASA SI NO COMPRENDEMOS BIEN LO QUE ES LA EVANGELIZACIÓN?

La evangelización es enseñar el evangelio —el mensaje de Dios que nos lleva a la salvación— con el objetivo de persuadir. Si una iglesia no entiende lo que es la evangelización bíblica, esa iglesia se verá mermada con el paso del tiempo. Si no practicamos una evangelización saludable, las piezas del dominó comenzarán a caer:

- El enfoque de la predicación y la enseñanza se dirige a vivir una vida moral, no una vida centrada en el evangelio.
- Los que no son cristianos son "sedados" y se les lleva a pensar que están bien en su estado perdido.
- Los cristianos piensan que los que no son cristianos son creyentes porque hicieron un compromiso externo superficial.
- La iglesia bautiza a no creyentes.
- La iglesia permite en su membresía a aquellos que no son cristianos.
- Con el tiempo, personas que no son cristianas llegan a ser líderes en la iglesia.
- La iglesia se convierte en una subcultura del nominalismo.

Una evangelización no bíblica es un método de suicidio asistido para la iglesia, por lo que hay mucho en juego en entender correctamente lo que es la evangelización.

Los evangelistas son como consejeros entrenados, a quienes se les llama para hablar con personas que quieren suicidarse.

Su propósito es evitar que la gente salte desde la cornisa. Los consejeros no usan la fuerza ni mienten. Usan la verdad, la esperanza y la razón para persuadir. Mantienen la calma y la frialdad; además, son amables, porque saben que hay una vida en juego. Al igual que los consejeros, nosotros usamos la esperanza del evangelio para hacer razonar. También nos mantenemos fríos y somos amables, porque recordamos lo que está en juego. Nuestra meta es persuadir a las personas para que no salten de la cornisa. Y se produce un gran alivio cuando alguien *es* persuadido y llega al abrazo seguro del Salvador.

2

UNA CULTURA DE EVANGELIZACIÓN

En su carta a los Filipenses, el apóstol Pablo escribió:

> Como me es justo sentir esto de todos vosotros, por cuanto os tengo en el corazón; y en mis prisiones, y en la defensa y confirmación del evangelio, todos vosotros sois participantes conmigo de la gracia. Porque Dios me es testigo de cómo os amo a todos vosotros con el entrañable amor de Jesucristo. (Fil 1:7-8)

Me identifico mucho con el cariño que tenía Pablo por sus amigos de Filipos. Hasta donde recuerdo, siempre he vivido rodeado de amigos.

Cuando era niño traía amigos a mi casa. Mis recuerdos más tempranos son del patio de mi casa lleno de amigos (para el deleite de mi extrovertida madre).

En la universidad rara vez estudié solo. Bueno, eran raras las veces que estudiaba, pero cuando lo hacía siempre estaba con un grupo de hermanos y hermanas.

Me casé con mi mejor amiga.

En lo laboral, siempre disfruto más de los trabajos que me ponen en contacto con personas, a quienes admiro y llamo amigos.

Me he llevado a amigos para vivir conmigo en diferentes continentes alrededor del mundo, y también he hecho amistades con personas que vivían en esas regiones.

Por supuesto, siempre hay dificultades. Por ejemplo, estoy luchando —sin éxito— para averiguar cómo escribir un libro con mis amigos. Sin embargo, a pesar de las ocasionales actividades individuales inevitables, el deseo de mi vida —desde el patio de mi casa hasta los confines del mundo— siempre ha sido estar con mis amigos. Siempre he tenido este deseo; así es como soy.

Entonces, ¿por qué un extrovertido como yo piensa en la evangelización solamente en términos individuales? Posiblemente sea porque casi toda la instrucción que he recibido acerca de la evangelización ha sido sobre la evangelización personal. Incluso la enseñanza que he dado a través de los años ha sido mayormente acerca de la evangelización personal. Esto es extraño para mí, especialmente porque evangelizar da miedo y no me gusta hacer cosas que dan miedo estando solo. Seguro que a ti tampoco.

Es cierto que siempre está esa persona rara que no teme compartir su fe. Pero si le preguntas a la mayoría de gente normal qué es lo que estorba su evangelización, la mayor parte te dirá que es el temor: temor al rechazo, a parecer estúpidos, o a ser categorizados en estereotipos raros relacionados con los evangelistas. Disculpándome con G. K. Chesterton, no es que la evangelización se haya intentado y haya resultado deficiente, sino que la evangelización se ha considerado difícil y no se ha hecho el intento.

Así que, ¿por qué hacer de forma individual algo que es difícil y que da miedo? Creyentes, ¡únanse! Evangelicen con amigos creyentes que los animen.

Valoro la evangelización personal, y debemos estar equipados para llevarla a cabo. Pero, puesto que creo que la iglesia es el motor de la evangelización, necesitamos desarrollar culturas de evangelización en nuestras iglesias locales también. Necesitamos iglesias enteras que hablen de Jesús.

Piensa en los beneficios de una evangelización en comunidad:

- Nos rendimos cuentas unos a otros.
- Fortalecemos nuestro compromiso mutuo.
- Aprendemos los unos de los otros.
- Nos regocijamos juntos en el éxito y lloramos juntos en los fracasos.
- Formamos vínculos al compartir experiencias en situaciones intensas.

Tiene sentido que compartamos nuestra fe junto con amigos creyentes.

De hecho, no se requiere mucho esfuerzo para convencer a la mayoría de cristianos de que la evangelización en comunidad es el mejor camino. Ni siquiera es difícil encontrar personas que se juntan para llevar a cabo una tarea evangelística.

Sin embargo, cuando pensamos normalmente en la evangelización en comunidad, pensamos en programas evangelísticos, que no es lo mismo. Con "programa" me refiero al gran evento ocasional que se hace con un predicador conocido o un tema emocionante. En algún momento del evento, hay una explicación del evangelio. O tal vez el programa es sencillo, pensado para atraer a las personas, como un proyecto servicial o un programa deportivo, con la esperanza de que pueda abrir una puerta para una conversación espiritual.

Dios puede usar los programas. Conozco gente que ha venido a la fe en eventos evangelísticos. Que conste que a menudo promuevo y hablo en programas evangelísticos. Pero no creo que los programas sean la manera más efectiva —ni siquiera la manera principal— de evangelizar.

EL PROGRAMA DE LA REPRESENTACIÓN DE LA PASCUA

Una iglesia en mi ciudad natal decidió financiar una representación de la Pascua. La idea era tomar la maravillosa historia de la Semana Santa y crear un obra para atraer a las personas a Cristo. Las representaciones de la pasión no son nada nuevo, pero los ancianos de esta iglesia querían que el evangelio quedara claro en la actuación. Al final, las personas tendrían la oportunidad de responder a la buena noticia.

El objetivo precisaba un guión muy ingenioso para compensar las limitaciones del escenario. Y, por supuesto, la representación tenía que ser entretenida. Hubo canciones y actuaciones muy buenas. Se pidió a los miembros de la iglesia que armaran unos escenarios elaborados, por lo que trabajaron incansablemente para cumplir con un riguroso calendario de producción. Los zoos y las granjas se quedaron sin animales y sin entrenadores.

Los camellos, las ovejas y las vacas caminaban por el pasillo para llegar al escenario, para el deleite de la audiencia. Las palomas volaban al hacerles una señal; bueno, la mayoría de ellas. El espectáculo se representaba anualmente y —con el paso de los años— su popularidad creció superando todas las expectativas. A medida que se hacía más y más popular, se iban contratando productores profesionales de Hollywood. Incluso el papel de "Jesús" fue representado por un actor de Hollywood (no era cristiano). Aunque la iglesia tenía uno de los santuarios más grandes de la zona, la demanda de asientos superaba la disponibilidad. Se regalaban entradas para controlar las multitudes. Había semanas de representaciones y se añadieron actuaciones por demanda. La gente llegaba desde pueblos cercanos y desde tierras lejanas. El programa adquirió vida propia.

Cuando todas las piezas se juntaron, ¡qué gran representación! ¡Nadie se dormía en *esta* presentación del evangelio! Las actuaciones eran espléndidas, los cánticos eran profesionales. Los animales cautivaban a los niños. La mejor parte —al menos para mis hijos— era cuando el corcel blanco se levantaba en el escenario mientras que el centurión que lo montaba sacaba su espada. Nunca supe de qué parte de los Evangelios sacaron esa escena. Después de la crucifixión, representada con un poco más de gusto y con más "teatro" que en la realidad, "Jesús" era levantado hacia las vigas del techo, mediante unos cables invisibles. ¡Era verdaderamente increíble!

Solamente había un problema: cuando la iglesia observó lo que había sucedido tras el transcurso de los años —y a pesar de

la popularidad del programa— se dieron cuenta de que práctica-
mente nadie había venido a Jesús.

A pesar de los enormes gastos de dinero, de todo el tiempo
invertido en construir escenarios, contratar gente y cumplir con
estrictos códigos para elevar personas con cables. A pesar de las
miles y miles de personas que asistieron, y de toda la limpieza de
excrementos de animales, la gente no estaba viniendo a Jesús; al
menos no en mayor número de lo que uno esperaría a través de la
predicación regular de la Palabra de Dios. Así que los ancianos de
la iglesia, sabiamente, cancelaron el programa.

Apuesto que fue una decisión difícil. A la gente le encantan
los programas. Solamente tenemos que ver la asistencia a esta representación. Pero la iglesia decidió, al final, que si los miembros
hubieran pasado la mitad del tiempo que pasaron en la producción
del programa teniendo conversaciones evangelísticas con vecinos,
compañeros de trabajo o de estudio, habrían visto una mejor respuesta al evangelio y habrían incluso alcanzado a más personas. Si
lo piensas, sería imposible acomodar en tu edificio de la iglesia a
todos los no creyentes con los que los miembros de tu iglesia tienen
contacto semanalmente; sin importar lo grande que sea el edificio.

El hecho es que la mayoría de las personas vienen a la fe mediante la influencia de sus familiares, de estudios bíblicos con
grupos pequeños, o de conversaciones con un amigo después de
una reunión de la iglesia: cristianos hablando intencionalmente
sobre el evangelio.

No obstante, cuando consideras fríamente los programas,
las cuentas no salen. Por un lado, vemos que los resultados no

corresponden con la inversión económica: cuanto más dinero se gasta en los programas evangelísticos, menos fruto hay en la evangelización. Por ejemplo, cuando se les preguntó a personas menores de 21 años —edad en la que la mayoría de personas vienen a la fe— cómo habían nacido de nuevo, solamente 1% dijeron que fue a través de la TV u otros medios, mientras que un tremendo 43% dijo que llegaron a la fe a través de un amigo o un miembro de su familia.[1] Solo piensa en la diferencia de costo entre una taza de café y un programa de TV. O piensa en el efecto: las mamás llevan a más gente a Cristo que los programas.

De forma extraña, parece que los programas de evangelización consiguen *otras* cosas diferentes: producen un sentimiento de comunidad entre los cristianos que participan en ellos, animan a los creyentes a defender su fe en Cristo y pueden hacer que las iglesias lleguen a otros lugares de ministerio.

Sin embargo, parece que tenemos un deseo insaciable de que los programas logren el objetivo de la evangelización. ¿Por qué? Los programas son como el azúcar. El azúcar sabe bien, hasta puede llegar a ser adictiva. Sin embargo, nos quita el deseo de comida más saludable. Aunque provee un incremento rápido de energía, con el paso del tiempo te hace flácido, y si continúas consumiéndola como una dieta constante te matará.

Una dieta estricta de programas evangelísticos produce una evangelización malnutrida. Así como comer azúcar nos puede hacer sentir como si hubiésemos comido —cuando no lo hemos hecho—, los programas nos pueden hacer sentir que hemos evangelizado, cuando no ha sido así. Por tanto, deberíamos tener una inquietud sana con los programas. Deberíamos usarlos estratégicamente, pero con moderación, recordando que Dios no envió un evento, sino que envió a Su Hijo.

Entonces, ¿qué deberíamos hacer? Queremos evangelizar en comunidad. Anhelamos tener amigos a nuestro lado cuando compartimos nuestra fe. Pero, al mismo tiempo, vemos las limitaciones, incluso los peligros, de los programas. ¿Hay alguna alternativa?

Me gustaría argumentar a favor de algo completamente diferente, algo que es comunitario pero también personal: una cultura de evangelización.

¿QUÉ ES UNA CULTURA DE EVANGELIZACIÓN?

He vivido en zonas multiculturales durante buena parte de mi vida y, si algo he aprendido, es que es imposible entender una cultura, cualquier cultura, simplemente leyendo un libro. Lo mismo sucede al dar definiciones e instrucciones acerca de una "cultura de evangelización". Cualquier explicación al respecto se queda corta sin las experiencias de la vida real, que son las que le dan sentido.

Ciertamente, una cultura tiene que ver con ideas compartidas, un idioma compartido y un entendimiento compartido de cómo actuar. Hay muchas expresiones de cultura: tan amplias como la cultura china y tan pequeñas como una cultura familiar. La cultura es a menudo invisible, especialmente para aquellos que están en ella. De forma similar, una "cultura de evangelización" en las iglesias implica ideas bíblicas comunes, un lenguaje bíblico y unas acciones bíblicas compartidas. Esta cultura, también, es a menudo invisible para aquellos que están en ella.

Pero cuando hablo con líderes de iglesias alrededor del mundo y les digo que anhelo ver una "cultura de evangelización", no necesito dar una definición. Me entienden intuitivamente; anhelan lo mismo. Ansían que sus iglesias sean comunidades llenas de amor comprometidas con compartir el evangelio como parte de un estilo de vida constante, no solo en un evento evangelístico ocasional.

Aunque es casi imposible instruir a alguien sobre cada acción necesaria en una cultura de evangelización saludable, creo que podemos describir los deseos que sentimos por ella. Así que usemos el resto del capítulo para examinar estos anhelos. Estos son mis diez deseos principales para una cultura de evangelización:

1. Una cultura motivada por el amor a Jesús y Su evangelio

Porque el amor de Cristo nos constriñe, pensando esto: que si uno murió por todos, luego todos murieron; y por todos murió, para que los que viven, ya no vivan para sí, sino para Aquel que murió y resucitó por ellos. (2Co 5:14-15)

A menudo, siento que evangelizar es como empujar una enorme bola hacia la cima de una montaña. Pero cuando estoy con gente cuya motivación para evangelizar deriva de su amor por Jesús, mi percepción de la evangelización cambia. Ser empujado por el amor para compartir el evangelio de forma individual es algo hermoso, pero cuando sucede en comunidad, se convierte en un gozo glorioso. La necesidad de importunar a la gente para que comparta su fe se evapora. La evangelización se convierte en algo que anhelamos hacer. Llega a ser una forma de pensar.

Recientemente estuve con unos amigos que estaban muy animados por algunos creyentes nuevos y por cómo estos estaban creciendo espiritualmente. Brian miró a Shanyl y dijo: "Shanyl, tengo que reconocer tu mérito. Danny tenía un corazón tan endurecido hacia el evangelio que la mayoría de personas hubiera renunciado, pero tú lo seguiste con un amor increíble, tanto por él como por Jesús. No te detuviste y Dios te usó. Es asombroso ver ahora cómo el evangelio ha cambiado la vida de Danny".

Mientras escuchaba a Brian animar a Shanyl, yo también recibí ánimo al recordar el amor que tengo por Jesús y Su evangelio, y fui recordado de lo mucho que deseo compartir fielmente el evangelio con otros. El mundo, la carne y el diablo siempre se oponen a nosotros en la evangelización. Pero en una cultura de evangelización —arraigada en corazones que aman a Jesús y Su evangelio— uno siente que la montaña se allana un poco y comenzamos a perseguir la enorme bola.

2. Una cultura que confía en el evangelio

Porque no me avergüenzo del evangelio, porque es poder de Dios para salvación. (Ro 1:16)

"Me pregunto, ¿cuándo perdieron su confianza en el evangelio?", meditó mi amigo británico.

Yo no estaba acostumbrado a usar este tipo de lenguaje. "¿Qué quieres decir?", le pregunté.

Estábamos hablando de un ministerio paraeclesial que en su día fue un centro vibrante de testimonio para el evangelio, pero que últimamente se había enfriado; tristemente, la historia está llena de ejemplos como este.

Mi amigo se tocó su barbilla con el pulgar y el índice, y me dijo: "Quiero decir, ¿en qué momento comenzaron a confiar en trucos y métodos mundanos en lugar de confiar en el claro mensaje del evangelio?".

Anhelo una cultura de evangelización que nunca cambie la confianza en el evangelio por la confianza en las técnicas, las personalidades o los trucos de entretenimiento. Los que se oponen al evangelio siempre dicen a los cristianos que el mundo moderno ha hecho que el evangelio sea irrelevante. De esta forma desmoronan la confianza que los cristianos tienen en el poder del evangelio. Ya hicieron esto hace muchos años, en un mundo que hoy no parecería muy moderno, lo siguen haciendo hoy, y lo harán hasta que Jesús regrese. El mundo tienta a los cristianos débiles a que se avergüencen del evangelio. Anhelo una cultura de evangelización en la que nos edifiquemos unos a otros y nos recordemos que debemos dejar a un lado las prácticas y técnicas mundanas de evangelización, poniendo toda nuestra confianza en el poder del claro mensaje del evangelio.

3. Una cultura que entiende los peligros del entretenimiento

Y tú, hijo de hombre, los hijos de tu pueblo se mofan de ti junto a las paredes y a las puertas de las casas, y habla el uno con el otro, cada uno con su hermano, diciendo: Venid ahora, y oíd qué palabra viene de Jehová. Y vendrán a ti como viene el pueblo, y estarán delante de ti como pueblo mío, y oirán tus palabras, y no las pondrán por obra; antes hacen halagos con sus bocas, y el corazón de ellos anda en pos de su avaricia. Y he aquí que tú eres a ellos como cantor de amores, hermoso de voz y que canta bien; y oirán tus palabras, pero no las pondrán por obra. (Ez 33:30-32)

La gente hablaba del antiguo profeta israelita Ezequiel en las redes sociales de su día —junto a las paredes y las puertas de las casas— y se decían los unos a los otros: "Hey, vamos a ver el nuevo espectáculo del pueblo: ¡la predicación de Ezequiel!". Iban a escucharlo como si fueran a presenciar a un "gran cantante" o a un gran músico. No veían a Ezequiel como a un profeta que les hablaba de su salvación, sino que lo veían como un animador. En medio del gran entusiasmo por el evento, lo que había en sus mentes era sexo y dinero, no obediencia a Dios.

¿No suena esto como un problema moderno? Para que la gente aparezca en la reunión de la iglesia hoy, todo lo que necesitamos es publicar un tema atractivo en Twitter, armar una presentación musical emocionante o encontrar un orador con carisma que toque las emociones de la gente; y puntos adicionales si el tipo es cómico. No es difícil. Pero ten cuidado, Dios advirtió a Ezequiel y nos advierte a nosotros hoy: puedes atraer a una multitud con esos métodos, pero nunca atraerás sus corazones. El convencer corazones es el trabajo solo del Espíritu Santo.

En una cultura de evangelización, no confundimos entretenimiento por ministerio ni ministerio por entretenimiento. Declaramos juntos las maravillosas verdades de Dios. Compartimos unos a otros Su gran salvación, Su gloria entre las naciones y Sus obras maravillosas (Sal 96:2-3). Anhelo una iglesia que entienda los peligros del entretenimiento, considerándolo como lo que es: un león agachado ante la puerta evangélica, listo para devorarnos. Necesitamos una cultura de evangelización que nunca sacrifique ante el ídolo del entretenimiento, sino que sirva el rico banquete que se encuentra en el evangelio de Cristo.

4. Una cultura que ve a la gente claramente

De manera que nosotros de aquí en adelante a nadie conocemos según la carne. (2Co 5:16)

Qué fácil es adoptar la cultura del mundo y considerar a la gente basándonos en perspectivas sexistas, racistas u otros aspectos superficiales. Tendemos a olvidar que las personas a nuestro alrededor son personas de carne y hueso, con heridas, sueños, luchas y sentimientos reales. Pero Pablo habla de cómo nuestra visión de la gente cambia cuando conocemos a Cristo. Ya no las vemos a través de los ojos del mundo, como lo hacíamos antes, sino a través de los ojos de Dios.

Cuando nos mudamos a nuestro vecindario en Lexington, Kentucky, verdaderamente deseábamos alcanzar a la gente de nuestro entorno. Pero la primera conversación que tuvimos acerca de cosas espirituales con nuestro vecino Tom, quien vivía a tres casas de nosotros, fue menos que prometedora. Un día me vio trabajando en el jardín y pasó a saludarme. Él tenía una bebida alcohólica en una mano y un cigarro en la otra. Comenzamos a charlar acerca de varias cosas, principalmente de lo bien que lucía su jardín, hasta que mi hijo de seis años apareció. "Fumar es peligroso, debes dejar de fumar", le dijo con su ceño fruncido y con sus manos en la cintura. "Pídeselo a Jesús y Él te ayudará a dejarlo".

Me puse de pie sin decir nada, con una sonrisa congelada en mi rostro. "¡Oh, genial! —pensé— ¿De dónde salió eso? Probablemente ya piensen que estamos moralizando fanáticos religiosos que se sientan en torno a nuestra mesa para hablar de los malvados vecinos". En defensa de mi hijo David, su tía Linda, una nueva creyente, había decidido dejar de fumar, y David había estado orando por ella. No obstante, me sentía medio muerto.

Pero Tom tiró su cigarro, se inclinó para mirar a David a los ojos y, con una sonrisa, poniendo su mano sobre el hombro de mi hijo, le dijo: "¿Sabes qué, David? Puede que tengas razón, puede que tengas razón". ¡Qué respuesta tan increíble y llena de gracia de parte de Tom! Me dejó pensando acerca de mi opinión sobre él. Me di cuenta de que debía arrepentirme por ver a Tom tan solo como el tipo que vive al lado y debía comenzar a pensar en él por quién era verdaderamente. La presentación de David pudo haber sido ruda, pero fue mejor que mi falta de acción, y además nos llevó a una relación con Tom que no sé cómo se habría producido si no hubiese empezado a ver a Tom como una persona de verdad.

Cuando Pablo dice que deberíamos ver a la gente a través de los ojos de Cristo, lo que quiere decir es que veamos a los demás a través del evangelio. Así nosotros vemos a las personas como hermosas, valiosas criaturas hechas a la imagen de Dios. Cada uno de nosotros lleva la marca de Dios. Es por ello que los cristianos creemos que todas las personas tienen dignidad, honor y valor.

Al mismo tiempo, reconocemos que todas las personas han caído, son pecadoras y están separadas de Dios. Todos hemos torcido la imagen de Dios en nosotros, convirtiéndola en cosas horrendas. Es por ello que los cristianos no idealizamos a la gente tampoco. Pero en una cultura de evangelización, la mayoría de nosotros tiene presente lo que la gente puede llegar a ser: nuevas criaturas en Cristo, renovadas y restauradas por el poder transformador de Dios (2Co 5:17). Anhelo estar con cristianos que recuerden que las personas son portadoras de la imagen de Dios. Pero, por encima de todo, anhelo una cultura que recuerde lo que la gente puede llegar a ser a través del evangelio.

5. Una cultura que trabaja unida en la misma dirección

Doy gracias a mi Dios siempre que me acuerdo de vosotros, siempre en todas mis oraciones rogando con gozo por todos vosotros, por vuestra comunión en el evangelio, desde el primer día hasta ahora. (Fil 1:3-5)

Pablo le escribió a la iglesia en Filipo, expresando su gratitud hacia ellos por su participación en el ministerio del evangelio. Esta es una imagen de lo que es una cultura de evangelización. Todos estaban trabajando juntos para el avance del evangelio; estaban activos en ese proyecto.

Cuando era entrenador del equipo de fútbol de mi hijo de cinco años, reuníamos al equipo —los pequeños se veían preciosos— y les preguntaba: "Bien, cuando el otro equipo tiene el balón, ¿cuál de nuestros jugadores defiende?". Entonces gritaban con entusiasmo: "¡Todos!". Después les preguntaba: "Y cuando nuestro equipo tiene el balón, ¿quiénes atacan?". "¡Todos!", respondían. Sin embargo, cuando comenzaba el partido, poner ese concepto en acción resultaba un poco más complicado con los pequeños de cinco años.

Así es la evangelización. La meta es la misma: que todos trabajen en la misma dirección juntos.

En una cultura de evangelización, existe el entendimiento de que todos están implicados. ¿Alguna vez has escuchado a alguien decir, "la evangelización no es mi don" como si eso fuese una excusa para no compartir su fe? Este entendimiento de la evangelización es inmaduro. Todos los cristianos son llamados a compartir su fe, como un acto de fidelidad, no como un don (Mt 28:19).

Anhelo compartir mi fe en el contexto de una iglesia que entiende lo que estoy haciendo y que empuja hacia adelante junto a mi. En tal cultura, cuando traigo a un amigo a la iglesia, nadie supone que mi amigo es cristiano. No se sorprenden cuando les presento a alguien diciendo: "Él es Roberto y está explorando qué es el cristianismo". Y no solamente no se sorprenden, sino que responden con palabras como: "Me alegra que estés aquí. Estaba en tu situación hace un par de años, y me encantaría conversar contigo. Dime, ¿qué piensas del cristianismo?".

Anhelo una cultura en la cual todos estemos trabajando juntos hacia el objetivo de ser testigos de Cristo.

6. Una cultura en la que las personas se enseñan unas a otras

Estad siempre preparados para presentar defensa con mansedumbre y reverencia ante todo el que os demande razón de la esperanza que hay en vosotros. (1P 3:15)

Retén la forma de las sanas palabras que de mí oíste, en la fe y amor que es en Cristo Jesús. (2Ti 1:13)

Pedro nos instruye a estar listos para compartir las razones y las respuestas de la esperanza que está en nosotros. Para hacer esto necesitamos un entrenamiento serio, que después ponemos en práctica. Por esta razón Pablo le recuerda a Timoteo que siga todo aquello que le enseñaron.

Felizmente cambiaría todo el dinamismo de impactantes oradores, la música impresionante y los dramas populares de Pascua por una cultura de evangelización en la cual la gente es entrenada para dirigir un estudio bíblico con un no creyente en el Evangelio según Marcos, apuntar al mensaje del evangelio a partir del texto, e instar al no creyente a venir a Jesús basado en la verdad de lo que ha aprendido en las Escrituras.

En una cultura de evangelización los miembros se enseñan mutuamente lo que aprendimos en el capítulo anterior: qué es la evangelización, qué es el evangelio, y qué es la verdadera conversión bíblica. También nos enseñamos cómo compartir el mensaje del evangelio. Después volvemos a repetir el proceso, teniendo en cuenta que tendemos a atascarnos en el asunto. En una cultura de evangelización, las personas se enseñan cuidadosamente unas a otras cómo compartir su fe de una manera bíblica.

7. Una cultura en la que se da ejemplo en la evangelización

Lo que has oído de mí ante muchos testigos, esto encarga a hombres fieles que sean idóneos para enseñar también a otros. (2Ti 2:2)

Lo hermoso de una cultura de evangelización —si se logra llevar a cabo correctamente— es que los nuevos creyentes tienen la pasión y los contactos que los cristianos más antiguos a menudo no tienen. Sin embargo, los cristianos que llevan más tiempo en la fe tienen la sabiduría y el conocimiento que los creyentes más jóvenes necesitan.

Mientras estoy escribiendo esto, mi esposa está sentada en el sofá preparándose para reunirse con Ruth y Samanti esta tarde. Leeann las está guiando a través de *Christianity Explained*. Ruth es una creyente nueva; está entusiasmada con su fe y comparte el evangelio. Ruth y Samanti trabajan juntas y tienen mucho en común ya que son de la misma ciudad de Sri Lanka. El padre de Samanti es budista, su mamá profesa el catolicismo romano, y su esposo es musulmán. Esto es común en Dubai. Cuando Ruth le contó a Samanti sobre su fe cristiana, Samanti le dijo que quería saber más. Ruth sabe perfectamente que su vida ha sido redimida por Jesús, pero cuando tiene que explicar su fe, necesita un poco de ayuda, especialmente con una persona con el trasfondo de Samanti. Por tanto, Ruth, sabiamente, trajo a Samanti para reunirse con Leeann.

Leeann, por el contrario, es una evangelista con una gran riqueza de conocimiento y entendimiento, pero su círculo de amigos, en su mayoría, está constituido por cristianos maduros. Leeann estaba emocionada por conocer y hablar con Samanti. ¡Y Samanti necesita a Jesús! Ellas tres son un gran ejemplo de lo que sucede en una cultura de evangelización. Leeann toma la iniciativa explicando el evangelio y Ruth aprende cómo compartir su fe al participar en el estudio mientras cultiva su amistad con Samanti. Y, si el Señor quiere, Samanti escuchará y responderá al increíble mensaje de que Cristo salva a los pecadores. En una cultura de evangelización, la gente sirve de ejemplo para otros al evangelizar.

8. Una cultura en la cual se celebra a quienes comparten su fe

Espero en el Señor Jesús enviaros pronto a Timoteo, para que yo también esté de buen ánimo al saber de vuestro estado; pues a ninguno tengo del mismo ánimo, y que tan sinceramente se interese por vosotros. Porque todos buscan lo suyo propio, no lo que es de Cristo Jesús. Pero ya conocéis los méritos de él, que como hijo a padre ha servido conmigo en el evangelio. (Fil 2:19-22)

Me encanta cómo Pablo honra a Timoteo por su trabajo en el evangelio. De una forma similar, John, quien es pastor en otra iglesia de nuestra ciudad, normalmente comienza el tiempo de comunión preguntando quiénes desean compartir las oportunidades que tuvieron de hablar de Jesús durante la semana. Después de los testimonios, pide que se ore por esas personas.

Esta práctica de celebrar los esfuerzos evangelísticos es simple y no requiere mucho tiempo, pero es tremendamente importante en el desarrollo de una cultura de evangelización. No hay nada más desalentador que sentir que una iglesia está más interesada en agrandar la sala de la guardería que en compartir la fe.

Ansío estar en una iglesia donde se celebran aun los intentos de evangelizar. Incluso si un esfuerzo evangelístico no llega a una conversación acerca del evangelio, el fracaso evangelístico es mejor que no intentar evangelizar en absoluto.

9. Una cultura que sabe cómo afirmar y celebrar la nueva vida

Siempre orando por vosotros, damos gracias a Dios, Padre de nuestro Señor Jesucristo, habiendo oído de vuestra fe en Cristo Jesús, y del amor que tenéis a todos los santos... como lo habéis aprendido de Epafras, nuestro consiervo amado, que es un fiel ministro de Cristo para vosotros. (Col 1:3-4, 7)

Pablo sabía cómo confirmar a los nuevos creyentes. Celebraba su conversión, pero mantenía su enfoque —y el de ellos— en Cristo. Pablo no elevaba a estos nuevos creyentes inapropiadamente, pero tampoco los ignoraba. Una cultura de evangelización celebra la nueva vida en Cristo de una manera adecuada.

Después de una serie de reuniones personales y estudios bíblicos con Mark Dever, Rob rechazó su antigua fe atea y le dijo a Mark que se había convertido al cristianismo. Mark le dijo, "Bueno, Rob, dime qué quieres decir con esto". Rob explicó el evangelio y relató cómo se había arrepentido de su vida de incredulidad y cómo había puesto su confianza plena en Cristo.

Luego Mark le dijo: "Hermano, por lo que me dijiste, estoy de acuerdo contigo: *ya eres* cristiano. Oremos". Después de orar, Mark dijo: "Debes entender que la marca de una conversión genuina no es una oración, sino un caminar con Jesús a largo plazo. Así que, aunque creo que viniste a Cristo, veremos qué sucede con el paso del tiempo".

La respuesta de Mark es un ejemplo de lo que yo llamo la respuesta "'¡Aleluya!' y 'ya veremos'". Decimos "¡Aleluya!" porque la verdadera conversión es lo mejor que le puede suceder a una persona. Decimos "ya veremos" porque sabemos que existen falsas conversiones, aun cuando no sean intencionadas. La prueba más importante tiene tres componentes: un buen entendimiento del evangelio, una vida transformada y un caminar con Cristo a largo plazo.

Mark no dejó la conversión de Rob en secreto, pero tampoco le elevó instantáneamente como si fuera una celebridad. En su bautismo, Rob compartió, apropiadamente, cómo había llegado a la fe. Pero vendrían pruebas, y la manera en la cual Rob lidiaría con ellas era más importante que cualquier historia de conversión.

En una cultura de evangelización, los cristianos saben cómo responder a quienes han venido a la fe recientemente.

10. Una cultura que tiene un ministerio que se siente arriesgado y peligroso

Quiero que sepáis, hermanos, que las cosas que me han sucedido, han redundado más bien para el progreso del evangelio, de tal manera que mis prisiones se han hecho patentes en Cristo en todo el pretorio, y a todos los demás. (Fil 1:12-13)

El ministerio de Pablo fue tan arriesgado que lo metieron en la cárcel. Igualmente, vivo en una parte del mundo donde conozco personas que han ido a prisión por vivir vidas fieles a Cristo.

Como vemos en 2 Corintios 10:5, Pablo veía la vida cristiana como una guerra contra los pensamientos que se oponen a Dios: "Derribando argumentos y toda altivez que se levanta contra el conocimiento de Dios, y llevando cautivo todo pensamiento a la obediencia a Cristo". Esto es arriesgado. Al mundo no le gusta encontrar oposición contra sus pensamientos. ¿Estamos dispuestos a llamar a las personas para una evangelización arriesgada? Anhelo una cultura de evangelización que se arriesgue en el sentido de confrontar a la cultura. Esto significa principalmente no dar importancia a lo que la gente piense de nosotros.

La *Door of Hope Church* en Portland, Oregón, está alcanzando a los *hipsters* con grandes resultados. El liderazgo de la iglesia decidió incluso trasladar su reunión dominical de la tarde a un parque cercano. Era la reunión normal, solo que era al aire libre. Enfrentaron burlas, críticas y hasta una mujer se descubrió la parte superior de su cuerpo intentando impactar a la congregación. Pero otros, que vieron la bondad y el amor en la iglesia, se unieron a ellos.

Otros toman diferentes tipos de riesgos. Mi amiga Joanna dice: "Ni siquiera sé cómo dar un estudio bíblico sin algunos musulmanes en el grupo". Todos deberíamos pensar en maneras de correr riesgos en nuestros propios contextos. Algo gracioso sucede cuando asumimos riesgos: llegamos a ser peligrosos —me refiero a la esfera espiritual— para aquellos que tienen sus mentes en contra de Dios.

En Filipenses, Pablo dice que el evangelio había llegado a ser conocido entre la guardia imperial (1:13). Y cuando envía saludos, al final de la carta, escribe: "Todos los santos os saludan, y especialmente los de la casa de César" (4:22). Está claro que Pablo había visto a algunos de sus guardias venir a la fe. Pablo arriesgó, y su vida de riesgo por el evangelio trazó un camino hacia la cárcel. Sin embargo, siempre me ha gustado la observación de que Pablo no estaba encadenado a un guardia, sino que el guardia estaba encadenado a Pablo.

Anhelo una iglesia donde los ateos y los no creyentes del vecindario ven a los ateos y a los no creyentes venir a la fe, siendo esto un indicador de que estamos formando parte de una cultura de evangelización que corre riesgos.

11. Una cultura que entiende que la iglesia es el método elegido y el mejor para evangelizar

Y perseverando unánimes cada día en el templo, y partiendo el pan en las casas, comían juntos con alegría y sencillez de corazón, alabando a Dios, y teniendo favor con todo el pueblo. Y el Señor añadía cada día a la iglesia los que habían de ser salvos. (Hch 2:46-47)

De acuerdo, sé que dije que eran diez cosas. Pero hay una más, una que fluye implícita en todas las demás: Anhelo ver una iglesia que entiende que la iglesia local es el método escogido y el mejor para evangelizar. Anhelo ver una iglesia donde los cristianos están tan llenos de amor por Jesús que cuando se reúnen para su tiempo regular de adoración, llegan a ser una imagen del evangelio. Anhelo una iglesia que impacta con su amor, no con entretenimiento, y que vive una confianza contracultural en el poder del evangelio. Anhelo una iglesia donde las mayores celebraciones se centran en aquellos que comparten su fe, y donde los héroes son aquellos que arriesgan su reputación para evangelizar. Anhelo una cultura de evangelización en la que los hermanos y las hermanas están hombro a hombro conmigo en la batalla; donde se me enseña y enseño lo que significa compartir nuestra fe; y donde veo a los líderes de la iglesia guiando personas a Jesús. Quiero una iglesia en la que puedas señalar vidas transformadas, donde puedas ver personas que se levantan y dicen: "Cuando vine a esta iglesia hace dos años, no conocía a Dios, ¡pero ahora sí!". Anhelo ser parte de una cultura de evangelización así. Apuesto que tú también. Ya mencioné antes que no creo que los programas sean la mejor —y ni siquiera la principal— manera de evangelizar. Lo que sí creo es que la mejor forma de alcanzar a otros se da en una cultura de evangelización dentro de una iglesia sana. Este tema es demasiado amplio como para incluirlo en los diez puntos que tratamos en este capítulo. El papel de la iglesia y la forma de evangelizar es el tema de nuestro siguiente capítulo.

3

CONECTANDO A LA IGLESIA CON UNA CULTURA DE EVANGELIZACIÓN

Como mencioné antes, si eres parte de una iglesia sana que tiene una cultura de evangelización, eres parte de la mejor forma de evangelización que existe. ¿Cómo funciona este principio en la iglesia?

Pon a un lado cualquier objeción pragmática en contra de esta idea; estamos hablando de un concepto profundamente espiritual y bíblico. Jesús dijo: "En esto conocerán todos que sois mis discípulos, si tuviereis amor los unos con los otros" (Jn 13:35). Un poco después, estando con sus discípulos, oró pidiendo que ellos tuvieran unidad, "para que el mundo crea que tú me enviaste" (Jn 17:20-21). Jesús dice que el amor que tenemos unos por otros en la iglesia es una declaración de que hemos sido verdaderamente convertidos. Y cuando estamos unidos en la iglesia, mostramos al mundo que Jesús es el Hijo de Dios. El amor confirma nuestro discipulado. La unidad confirma la deidad de Cristo. ¡Qué poderoso testimonio!

Hay muchos pasajes en la Escritura que instruyen y dan forma a nuestros esfuerzos evangelísticos, pero estos versículos son fundamentales porque nos muestran que la iglesia debe ser una cultura de evangelización.

¡Deberíamos usar estos versos como catecismo para nuestros hijos!

P: ¿Qué acción confirma nuestra conversión genuina a Cristo?

R: Amar a otros cristianos.

P: Y, ¿cómo mostramos que Jesús es el Hijo de Dios?

R: Uniéndonos con otros creyentes.

LA IGLESIA LOCAL ES EL EVANGELIO HECHO VISIBLE

Si debemos mostrar una imagen del evangelio mediante nuestro amor unos por otros, esto debe tener lugar en una congregación local con personas que han hecho juntas un pacto en amor para ser una iglesia. No es un amor abstracto, sino un amor para personas que viven en el mundo real. No puedo decirte cuántas veces he escuchado de parte de no creyentes que la iglesia les resultó extraña, pero lo que les atrajo a la comunión fue el amor que había entre sus miembros.

Pero el evangelio es proyectado no solamente a través de nuestro amor. ¿Has pensado alguna vez en cuántas instrucciones bíblicas Dios ha diseñado para la iglesia que, si se siguen correctamente, sirven como proclamaciones del evangelio?

Al buscar una cultura de evangelización, no rediseñamos la iglesia para la evangelización. En vez de esto, permitimos que aquellas cosas que Dios ya ha diseñado para la iglesia proclamen el evangelio. Jesús no se olvidó del evangelio cuando edificó Su iglesia.

Por ejemplo, los bautismos son imágenes de la muerte, la sepultura, y la resurrección de Jesús. Estas imágenes muestran cómo Su muerte es nuestra muerte y cómo Su vida es nuestra vida. La Santa Cena proclama la muerte de Cristo hasta que Él regrese y nos lleva a confesar nuestros pecados y a experimentar el perdón una vez más. Cuando oramos, oramos las verdades de Dios. Cantamos las grandes cosas que Dios ha hecho por nosotros a través del evangelio. Damos financieramente para hacer avanzar el mensaje del evangelio. La predicación de la Palabra presenta el evangelio.

De hecho, para empezar, la predicación de la Palabra de Dios es lo que forma la iglesia. Y, una vez que está formada, a la iglesia se le da la tarea de hacer discípulos, quienes son luego enviados a predicar el evangelio para formar nuevas iglesias. Este ciclo ha venido sucediendo desde que Jesús ascendió al cielo y continuará hasta que regrese.

LO QUE SUCEDIÓ EN AUSTIN

Recientemente visité *High Pointe Baptist Church* en Austin, Texas. El pastor, Juan, me pidió impartir un seminario acerca de desarrollar una cultura de evangelización. Yo hablé y la gente hizo preguntas. Entonces alguien me hizo una pregunta de esas que parecen tener una respuesta obvia: "Muchos vietnamitas se están mudando a la comunidad en torno a nuestra iglesia; ¿qué hará la iglesia para alcanzarlos?".

Por un lado, esta pregunta era muy buena. Un miembro había reconocido que tenía el privilegio y la responsabilidad de alcanzar a estas personas con el evangelio. Ella vio una oportunidad para hacerlo. Por otro lado, la formulación de la pregunta parecía implicar que la responsabilidad de alcanzar a estas personas estaba sobre la iglesia, no sobre la persona que se dio cuenta de la oportunidad.

Pero una cultura de evangelización es el fundamento, no algo que va de arriba hacia abajo. En una cultura de evangelización, las personas entienden que la tarea principal de la iglesia es ser la iglesia. Ya hemos visto que las mismas prácticas de la iglesia son un testimonio en sí mismas y de ellas mismas. Por supuesto que la iglesia apoya y ora por tener oportunidades evangelísticas y alcanzar a otros, pero el papel de la iglesia no es crear programas. La iglesia debería cultivar una cultura de evangelización. Los *miembros* son enviados desde la iglesia para evangelizar. Sé que esto puede sonar un poco exigente, pero es muy importante. Si no entiendes esto correctamente, puedes trastocar a la iglesia; o puedes estar equivocadamente enojado con el liderazgo de la iglesia.

Así fue como respondí a la pregunta en *High Pointe*: "Que 'la iglesia' diseñe programas para alcanzar a los vietnamitas no es lo mejor que pudiera suceder. Lo mejor es que tú pienses cómo puedes alcanzarlos. Te recomendaría aprender algo sobre la cultura vietnamita, tal vez aprender algunos saludos en su idioma, probar su comida y conocer algunas de las luchas que enfrentan al vivir en la cultura de la mayoría. Acércate e invita a los amigos que hagas para que vengan a tu casa, a un estudio bíblico o a la iglesia. Entonces, quizá, algunos de vosotros podríais pensar en mudaros para vivir en la comunidad vietnamita con el propósito de dar testimonio del evangelio en esa comunidad".

Lo que siguió a mi respuesta fueron las miradas desconcertadas de los presentes. Pero había gran alivio en la cara del pastor Juan, quien estaba agradecido de que no le hubiese impuesto un nuevo programa evangelístico para que lo desarrollara.

Después añadí: "Y cuando traigas a tu amigo de la comunidad a la iglesia, ahora todos participan: todos deben estar alcanzando a la gente. Esto es una cultura de evangelización. No se trata solo de ser amigable, aunque eso es necesario, sino que se debe tener una profunda consciencia de que estamos en esto juntos. En una iglesia sana, los visitantes deben ver el evangelio en todo lo que hacemos. Por eso cantamos la Palabra, oramos la Palabra y predicamos la Palabra. Queremos que la gente oiga el evangelio en la reunión. Y cuando llevamos a cabo las ordenanzas, queremos que vean el evangelio y lo escuchen nuevamente cuando explicamos lo que hacemos. Cuando los creyentes vivimos el evangelio, el evangelio sale de nosotros".

Esta es una imagen de cómo funciona una cultura de evangelización. Sé que es un poco radical; y ni siquiera sugerí que inscribieran a sus hijos en la escuela con los niños vietnamitas. Algunos me acusarán de no preocuparme por la comunidad vietnamita porque le dije a la iglesia de *High Pointe* que no organizara un programa patrocinado para alcanzar a este colectivo. Pero diría que la mejor manera de preocuparse por esa comunidad o por cualquier comunidad es darles el evangelio para que ellos vengan a la fe. Es mejor llegar a esta meta a través del testimonio de una iglesia que tiene la cultura de evangelización, mediante miembros que hacen amigos con gente vietnamita, con quienes luego pueden compartir el evangelio. Este enfoque tiene un impacto mucho mayor que un programa de iglesia para distribuir ropa, una guardería, ir puerta por puerta, organizar un carnaval de niños, o cualquier otra cosa bienintencionada que las iglesias hacen.

En un sentido, todas las iglesias tienen una cultura de evangelización, de un tipo u otro. Incluso las iglesias que rechazan la evangelización tienen una cultura de evangelización, aunque no sea bíblica. La pregunta no es "¿Tenemos una cultura de evangelización?", sino "¿está nuestra cultura de evangelización sana o enferma?".

Quiero defender que la principal razón por la que las culturas de evangelización de las iglesias están enfermas no es porque temamos al hombre o porque no tengamos la estrategia o el método correcto —aunque estos asuntos son importantes— sino que no entendemos lo que la iglesia es.

UNO O DOS GRADOS DE DESVÍO TE LLEVAN LEJOS DEL OBJETIVO

Una de las mejores experiencias que tuve cuando dirigía un viaje de estudiantes en Kenia fue volar con un piloto misionero que nos ayudaba con el programa. Peter había estado volando desde antes que existiera el GPS, cuando un piloto navegaba usando una brújula y la intuición.

Peter llevaba a nuestros estudiantes a los lugares más remotos para cumplir con sus responsabilidades. A veces había espacio en el avión para que yo los acompañara. Después de dejar al estudiante, yo me convertía en el copiloto de Peter. Peter despegaba, estabilizaba el avión y me daba la oportunidad de dirigir el vuelo. Yo llevaba el avión sobre el *Great Rift Valley*, sobre la reserva del Masai Mara, y alrededor del *Mount Kenya*, el cual se alzaba como una gran torre al pasar volando. Peter disfrutaba de mostrarme algunos lugares y yo me deleitaba con las escenas frente a mis ojos. ¡Qué gozo!

No es tan difícil volar. La parte complicada es el aterrizaje, así que Peter hizo esa parte. Mi trabajo consistió solamente en mantener el avión a la altitud correcta y dirigirlo según el rumbo que marcaba la brújula. Generalmente me dirigía en la dirección correcta, pero no es que fuera algo excelente. De vez en cuando, Peter miraba la brújula y parecía molestarse. Tocaba el vidrio que cubría la brújula y decía bruscamente: "Te estás saliendo del rumbo". Yo pensé que Peter estaba siendo demasiado exigente, hasta que dijo: "Mack, tienes que entenderlo, dos grados de desvío nos llevan a otro país".

Es verdad. Solamente al observar un mapa puedes confirmar fácilmente los grandes problemas que pueden causar pequeñas desviaciones de la ruta. Y lo mismo sucede en la iglesia.

La raíz del problema con la pregunta en *High Pointe* no era que la mujer no entendiera la evangelización; el problema era que no entendía la iglesia. Ella se desvió unos grados solamente, pero ese par de grados fuera de rumbo la llevaron a otro lugar. Entender la iglesia nos ayuda a tener la dirección correcta para la evangelización. De manera que primero tenemos que pensar acerca de la iglesia y qué hace que una iglesia sea sana.

DEFINIENDO QUÉ ES LA IGLESIA

Supongamos que estás comprando en un centro comercial y alguien se acerca con un portapapeles y un bolígrafo y te pregunta: "Por favor, defina 'iglesia' de la mejor forma que pueda". ¿Podrías responder? Y si te preguntara después: "¿Cuáles son los componentes necesarios y suficientes de una iglesia?". ¿Te quedarías sin palabras?

Si es así, no estás solo. He vivido con misioneros y los he visitado alrededor del mundo por décadas. Muchos de ellos se hacen llamar plantadores de iglesias. Son personas increíbles, extraordinarias. Con todo, a menudo me sorprende los pocos que son capaces de definir bíblicamente qué es una iglesia. Cuando explican lo que es una iglesia, sus definiciones están basadas en sus propios sentimientos y en estrategias humanas.

Me encantan las iglesias de *Acts 29*.[1] Ojalá hubieran más así. Pero desafortunadamente lo que tenemos en muchas partes del mundo no son iglesias "Hechos 29", sino, como las llamo, iglesias "Jueces 22": iglesias que hacen lo que bien les parece (Jue 21:25). En lugar de esto, necesitamos iglesias firmemente arraigadas en las Escrituras.

Estuve con un misionero que estaba liderando un equipo de plantación de iglesias en Rusia. Era y es un hermano en Cristo extraordinario. Está totalmente comprometido con la obra del evangelio. Posee un corazón de siervo y se sacrifica por la obra. Además, es un líder que influye mucho en la vida de aquellos con los que trabaja. Cuando me dijo que su principal llamado era plantar iglesias, me emocioné. Pero cuando comencé a hacerle preguntas sobre la iglesia, parecía no saber qué dirección tomar. Finalmente, lleno de frustración, dijo: "Bueno, de acuerdo, entonces ¿cómo definirías tú lo que es una iglesia?".

Yo le respondí: "Bueno, los componentes esenciales de una iglesia se entienden mejor en tres categorías: lo que la iglesia es, lo que la iglesia hace, y cuál es la misión de la iglesia". Estuvimos hablando acerca de la iglesia hasta muy tarde esa noche. En resumen, aquí comparto lo que le dije.

La fe cristiana no tiene ninguna categoría para los creyentes que no son miembros de una congregación local. La iglesia no es —y nunca ha sido— opcional para el creyente.[2] Sin embargo, aun cuando la iglesia juega un papel tan fundamental en nuestro discipulado, el miembro promedio tiene una asombrosa variedad de ideas acerca de lo que la iglesia debería ser; ideas que no están enraizadas en la Biblia.

Ciertamente, las iglesias tienen la libertad de hacer muchas cosas. Las iglesias son libres para construir edificios o reunirse en salones alquilados, pueden hacer que la congregación se siente en bancos o en el suelo. También tienen la libertad —bajo la autoridad de la Palabra— de diseñar estrategias específicas para cumplir un amplio rango de mandamientos bíblicos. Por ejemplo, las iglesias pueden crear ministerios musicales, proveer comida, organizar reuniones de oración para hombres, poner en marcha escuelas cristianas, o desarrollar grupos pequeños.

Pero, ¿cuáles son los componentes esenciales, las cosas que son tanto necesarias como suficientes? Si quitas todo, ¿cuáles son las partes irreducibles de una iglesia? Esto es fácil de saber. Por ejemplo, quita la escuela cristiana y todavía tienes una iglesia. Pero quita la predicación regular de la Palabra de Dios; ya no hay iglesia.

Todo cristiano debería saber lo que hace que una iglesia sea una iglesia. Y una respuesta bíblica en cuanto a lo que hace que una iglesia sea una iglesia resulta sorprendentemente simple, al menos sobre el papel.

Lo que la iglesia es

Una iglesia local es una asamblea de cristianos nacidos de nuevo, bautizados, que hacen un pacto en amor para reunirse regularmente bajo la autoridad de las Escrituras y el liderazgo de los ancianos para adorar a Dios, ser una imagen visible del evangelio y, al final, dar gloria a Dios (Jn 3:1-8; 13:34-35; Hch 2:41; 14:23; Ef 3:10; Col 3:16; 2Ti 3:16-17; Heb 10:24-25).

Lo que la iglesia hace

Una iglesia solo debe hacer algunas cosas para ser una iglesia: las personas se reúnen regularmente en el amor del evangelio para oír la Palabra predicada, cantar, orar, dar y practicar las ordenanzas del bautismo y la Santa Cena. Los miembros —aquellos que han hecho juntos un pacto— se preocupan amorosamente unos de los otros (1Co 12:12-26), incluso mediante la práctica de la disciplina en la iglesia (Mt 18:15-17).

La misión de la iglesia

La iglesia es el plan estratégico de Dios para la evangelización. Este plan tiene una misión primordial: ir a todas las naciones para hacer discípulos, enseñándoles a obedecer todo lo que Cristo ha mandado; incluyendo formar nuevas iglesias (Mt 28:18-20).

Aquí está: cuatro frases sobre la iglesia que ocuparon menos de una página, pero que nos toma toda una vida para vivirlas. Pero esta definición descarta el concepto que muchos tienen de la iglesia. No es un edificio; tampoco es meramente una reunión social de creyentes. Requiere un compromiso de unos con otros en una comunidad local. Una iglesia no tiene —de forma intencionada— miembros que no sean cristianos. Y solamente aquellos que han sido bautizados deberían ser miembros. La iglesia no es un mercado de buenas ideas para vivir bien, sino que es una fraternidad sometida a la Palabra de Dios.

UNA IGLESIA SANA

Acabamos de definir lo que es una iglesia. Ahora veamos lo que es una iglesia sana.

Es importante decir que las características mencionadas arriba no describen una iglesia perfecta, la cual no existe a este lado del cielo. Tampoco estamos tratando de distinguir entre una iglesia verdadera en contraste con una iglesia falsa. Más bien, queremos distinguir entre iglesias verdaderas que están enfermas e iglesias verdaderas que están sanas, y queremos ayudar a las iglesias enfermas para que se mejoren.[3]

Existen muchas maneras en las que los cristianos pueden ignorar los fundamentos básicos de una iglesia sana:

- Se pueden dar discursos motivacionales en lugar de la predicación de la Palabra de Dios. Si la predicación trata sobre buenos pensamientos para el día o para vivir una vida moral —o peor aun, para tener una vida próspera— y no sobre la Biblia, las personas no entenderán a Dios y Su voluntad.

- La conversión puede llegar a ser confusa, indefinida y subjetiva, lo cual significa que a aquellos que no son cristianos se les enseña que lo son. De esta forma los que no son cristianos se hacen miembros. Cuando esto sucede, la iglesia no puede practicar una evangelización bíblica.

- La membresía puede verse como opcional. Sin embargo, no puedo amar a las personas —más allá de un amor teórico idealizado— si no sé quiénes son. Debo comprometerme con ellos y ellos conmigo.

- A los no creyentes se les puede dar posiciones de liderazgo en una iglesia. ¿Tengo que decir algo más con respecto a este asunto? No obstante, esto sucede a menudo, especialmente en iglesias que no tienen membresía.

- Las cosas difíciles pueden quedarse a un lado. Muy a menudo fallamos en amar a las personas que no nos agradan. O fallamos en disciplinar a quienes amamos en la iglesia.

Es posible que ninguna de estas prácticas parezcan gran cosa, pero si una iglesia falla en cualquiera de estos aspectos, pronto estará volando en dirección *opuesta* a lo que marca su brújula. Hay mucho en juego aquí, porque a veces personas con buenas intenciones llegan a ser guías ciegos y reproducen iglesias del tipo "Jueces 22". Para empeorar el asunto, cuando los fundamentos de la iglesia son desechados y la iglesia se enferma, la gloria de Dios es encubierta. La hermosura de la comunidad de Cristo como testimonio ante el mundo se pierde.

Necesitamos hablar de otro problema serio que lleva a una iglesia a enfermarse, el cual tiene un impacto directo sobre una cultura de evangelización. Este problema llega cuando los miembros confunden su obediencia personal en la evangelización con el papel de la iglesia.

LAS PRIORIDADES PERSONALES, LAS PRIORIDADES DE LA IGLESIA Y LAS CAJAS DE ZAPATOS

En una cultura de evangelización saludable, se entiende que existe una prioridad diferente para la iglesia y para el individuo. Algo que deberías hacer personalmente en la evangelización puede no ser lo mejor para que toda la iglesia lo haga. Esta fue la razón subyacente para mi respuesta a la pregunta sobre alcanzar a otros en *High Pointe*.

A continuación comparto un ejemplo de lo que quiero decir. El pastor Jacky es un amigo mío que trabaja con una iglesia china en Dubai. Ha hecho un trabajo increíble con los chinos pobres que vienen a la ciudad como obreros. Un año —en fechas navideñas— unos occidentales bienintencionados tuvieron la idea de distribuir cajas de zapatos a los obreros. Sin duda, no hay nada malo con eso. Así que las familias de las iglesias de Dubai pusieron jabón, toallas, un poco de colonia, peines, y algunos otros artículos de aseo y pequeñas prendas de vestir (en las cajas de zapatos). También pusieron folletos con información sobre la reunión de la iglesia, y luego adornaron las cajas con lazos navideños. Otra vez, ningún problema con esto.

Entonces se reclutaron algunas personas para recoger las cajas y —he aquí el problema— dárselas a Jacky. Recuerdo haber pasado por la oficina de Jacky y no poder entrar por la puerta por causa de todas las cajas de zapatos; cajas del suelo al techo.

Dejemos a un lado las dudas sobre si esto tenía base bíblica o no, y no consideremos las interrogantes sobre el bien que produciría a largo plazo, e incluso ignoremos el mensaje que se podría estar comunicando por parte de occidentales adineraros que dan artículos de aseo personal a obreros pobres. El problema fundamental era que Jacky no podía preparar su sermón. No podía reunirse con las personas que querían hablar con él acerca de Jesús. No podía cumplir con su ministerio ni equipar a los miembros de la iglesia para cumplir con su llamado porque hubo personas que no entendieron que era su responsabilidad alcanzar a estos obreros y que la responsabilidad de Jacky era predicar, pastorear, y orar. Las personas confundieron su papel *en* la iglesia con el papel *de* la iglesia.

Digamos que el ministerio de las cajas de zapatos hubiese dado los mejores resultados posibles y que la gente hubiera llegado a la iglesia china. Al llegar, ¿qué tipo de iglesia quisieras que se encontraran? ¿Una iglesia sana, donde escucharían el evangelio en la predicación de la Palabra, donde los miembros son discipulados y están involucrados en la evangelización, donde el evangelio es presentado por medio del bautismo y la Santa Cena, y todo lo demás? ¿O que se econtraran con una iglesia enferma, donde los líderes usan todo su tiempo para repartir cajas de zapatos?

Si Jacky usara todo su tiempo para repartir cajas de zapatos, sin ocuparse de la obra que se le ha encomendado de nutrir una iglesia sana, estaría descuidando la iglesia. Esto aplica no solamente en el caso de Jacky, sino que también en el ministerio de todo anciano de la iglesia. Los miembros son libres para hacer muchas otras cosas, pero deben tener mucho cuidado y apoyar al liderazgo para que la iglesia vaya en la dirección correcta. Los creyentes en Dubai —aunque tenían buenas intenciones— no supieron distinguir entre la responsabilidad de la iglesia y su propia responsabilidad. Creyeron que la iglesia debía alcanzar a los obreros de la misma manera que ellos deseaban alcanzarlos personalmente. Pero al actuar sobre esta suposición, en realidad minaron la iglesia.

Un ejemplo bíblico de esta situación lo encontramos en Hechos 6, donde leemos que las viudas griegas estaban siendo descuidadas en la distribución diaria de comida. Uno sospecha que las viudas hebreas estaban recibiendo comida porque tenían conexiones con judíos que las viudas griegas no tenían. En cualquier caso, esta situación requería atención. Así que los apóstoles pidieron a *los miembros implicados* que escogieran a siete hombres piadosos para tratar la situación.

Todos estos hombres eran griegos —algo evidente por sus nombres— lo cual fue una manera segura de acabar con cualquier favoritismo o racismo. Pero observa por qué los apóstoles solucionaron esta injusticia de la forma que lo hicieron. Dijeron: "No es justo que nosotros dejemos la palabra de Dios, para servir a las mesas. Buscad, pues, hermanos, de entre vosotros a siete varones de buen testimonio, llenos del Espíritu Santo y de sabiduría, a quienes encarguemos de este trabajo. Y nosotros persistiremos en la oración y en el ministerio de la palabra" (Hch 6:2-4).

Los miembros individuales de la iglesia fueron llamados para dar un paso al frente y solventar ellos mismos un problema, con el propósito de proteger el ministerio principal de los líderes de la iglesia: el ministerio de la Palabra y la oración.

Los miembros de la iglesia deben entender las prioridades que los apóstoles salvaguardaron. Aunque hay muchas cosas importantes que una iglesia puede hacer —como alimentar a las viudas— nada debería mermar el llamado principal de la iglesia: predicar la Palabra. Tanto los miembros como los pastores deberían unirse para proteger el llamado propio y principal de la iglesia.

CÓMO UNA CULTURA SANA DE EVANGELIZACIÓN CONECTA CON UNA IGLESIA SANA

¿Cómo funciona una cultura sana de evangelización? A continuación se da un ejemplo.

Abigaíl —una mamá a tiempo completo— se sentó en el autobús que iba a Washington, D.C., desde el aeropuerto Dulles. Había tenido un largo viaje de regreso de Texas, donde había asistido a un funeral. Deseaba estar con su familia. Se sentó al lado de una joven mujer asiática. Pero en lugar de abrir un libro y olvidarse del mundo, comenzó una conversación.

El nombre de la chica era Van. Mientras hablaban, Van le dijo a Abigaíl que acababa de llegar de China, y que esas eran sus primeras horas en América. Abigaíl sabía discernir cuándo se presentaba una cita divina. Quería alcanzar a esta chica, pero sabía también que debía ser sensible.

Al pensar sobre las cosas que estaban sucediendo en su iglesia, recordó que pronto habría una boda entre dos creyentes maduros en la fe. Abigaíl sabía que el evangelio sería presentado allí. Su iglesia anima a todos los miembros a venir a la boda y a traer amigos para que escuchen un testimonio. Así que Abigaíl le preguntó a Van: "¿Estarías interesada en venir a una boda cristiana?". Efectivamente, Van aceptó la invitación. Intercambiaron sus correos electrónicos y Abigaíl se ofreció para recoger a Van y llevarla a la boda.

Observa que Abigaíl confió en una cultura saludable de evangelización. No hubo necesidad de llamar al pastor y presionar al personal de la iglesia para comenzar un programa de evangelización para chinos. No tuvo que preguntarse si en la boda se anunciaría el evangelio con claridad. En una iglesia donde existe una cultura sana de evangelización, el evangelio satura todos los ministerios. Abigaíl escogió una boda, pero podría haber invitado a Van a varias otras cosas.

Tal y como era de esperar, la boda se enfocó tanto en el Novio celestial como en el novio y la novia terrenal. Tanto la pareja como el pastor compartieron el evangelio. Pero lo mejor de todo fue que, después de la reunión, antes de la recepción, Abigaíl llevó a su hija de cuatro años al patio de la iglesia y Van fue con ellas. Van comenzó a hacer preguntas sobre la diferencia entre una boda cristiana y una secular. Abigaíl —bien enseñada en el mensaje del evangelio— aprovechó la oportunidad para explicar a Van, a partir de la boda, todo el evangelio.

Luego, Abigaíl le preguntó a Van si quería una Biblia. Ya que la iglesia proveía biblias para los estudiantes internacionales en un stand de libros, ambas regresaron a la iglesia y Abigaíl le dio a Van una Biblia en mandarín; la primera Biblia que Van había visto jamás. Abigaíl se ofreció para reunirse con Van para leer la Biblia. Así lo hicieron. Luego Abigaíl incluso invitó a algunos miembros de la iglesia que hablaban mandarín para que se reunieran con Van y compartieran sus testimonios durante una de sus reuniones de lectura de la Biblia. Cuando esto sucedió, Van fue conmovida y comenzó a hacer preguntas penetrantes.

Abigaíl y Van continuaron leyendo la Biblia y hablando acerca del evangelio hasta que Van se fue a Boston para comenzar a estudiar unas semanas más tarde. Pero esto no había terminado para Abigaíl. Tenía una amiga en Boston, quien aceptó continuar leyendo la Biblia con Van. Esto está sucediendo mientras escribo estas palabras.

Abigaíl no esperó a que la iglesia hiciera algo. Ni siquiera lo pensó. Puso su confianza en que la iglesia fuese la iglesia. Se apoyó en el poder del evangelio y confió en que el Espíritu Santo obraría a través de sus obedientes pasos como embajadora de Cristo.

Así es como funciona una cultura de evangelización en una iglesia. No es algo ostentoso, no es un programa, es algo muchísimo mejor.

4

EVANGELISTAS INTENCIONALES EN UNA CULTURA DE EVANGELIZACIÓN

Kelly, una joven de 16 años, viajó desde su país de origen, Brasil, a Portland, Oregón, para asistir a una escuela de secundaria como estudiante de intercambio. Connie y John, los padres americanos que la recibieron, eran agradables, personas simpáticas que asistían regularmente a una iglesia centrada en el evangelio. Kelly era una buena estudiante y, al venir de un trasfondo japonés/brasileño, se sentía cómoda en medio de múltiples culturas, por lo que le fue fácil adaptarse a su escuela en Portland.

Connie y John oraron por Kelly y la llevaron a la iglesia, pero Kelly parecía no estar interesada en la fe cristiana. No obstante, John y Connie se ganaron el aprecio de Kelly, así que, tras regresar a su país, siguieron en contacto. Connie oró por ella durante los siguientes años; por cinco, diez y hasta incluso quince años.

Recientemente nos pidieron a Leeann y a mí que enseñáramos en la iglesia de John y Connie, *Hinson Baptist*. Durante la comida después de la reunión, Connie se sentó al lado de Leeann. "Hace mucho —le dijo Connie a Leeann— recibimos a una estudiante de intercambio llamada Kelly, quien es ahora una azafata en Emirates Airlines. Es una joven muy dulce". (Aunque Kelly era ahora una mujer adulta). "Vive en Dubai. ¿Crees que podrías contactar con ella? Está pasando un tiempo de soledad porque acaba de terminar su relación con su novio".

Leeann estaba encantada con la oportunidad de contactar con Kelly, pero iban a pasar varias semanas hasta que regresáramos a nuestra casa en Dubai. Así que Connie y Leeann escribieron a Kelly contándole acerca de nuestra iglesia, *Redeemer*. Siguiendo el consejo de Connie, Kelly fue a *Redeemer* antes de que Leeann regresara a Dubai.

Cuando Kelly entró a la iglesia, inmediatamente fue recibida por Hetty, de Filipinas, quien dirigía la mesa de bienvenida. Luego Kanta, de la India, la saludó en el puesto de libros. Kelly escuchó al pastor Dave predicar el evangelio y su corazón fue conmovido de un modo extraño. Después, Hetty y Kanta, que no sabían que Kelly era un contacto de nuestros viajes a los Estados Unidos, le invitaron a almorzar. Cuando Kelly llegó a su casa, abrió el paquete de bienvenida que había recibido en la iglesia y encontró dos libros: *La vida cruzcéntrica* de C. J. Mahaney y *Two Ways to Live*, una explicación del evangelio escrita por Philip Jensen y Tony Payne. Devoró ambos libros. Hetty y Kanta invitaron luego a Kelly a un estudio bíblico de grupo pequeño, donde fue calurosamente recibida.

Cuando Leeann regresó a Dubai, ella y Kelly fueron a comer. Kelly le compartió a Leeann acerca de su vida y cuánto le había gustado la iglesia. Le dijo: "Quiero ser miembro". Entonces preguntó: "¿Tengo que hacer algún pago por la membresía?". Leeann sonrió y le dijo: "No, no hay ningún pago que tengas que hacer en nuestra iglesia, pero hay algo muy importante que debes entender para ser miembro; lo que nosotros llamamos el evangelio".

"Oh, háblame entonces de este evangelio", dijo Kelly.

Múltiples continentes, un par de iglesias, varias ciudades, muchos idiomas, numerosas etnias, diversas personalidades, años de oración, comunicación oral y escrita, dos comidas; y un evangelio. Cuando bauticé a Kelly en la piscina del hotel donde nuestra iglesia celebra los bautismos, no pude evitar llorar de gozo por todo lo que Dios había orquestado por una de sus hijas que se había perdido, Kelly.

Kelly era la que menos sabía que Dios estuvo moviendo personas y eventos para traerla a Sí mismo. Pero ahora lo ve. De hecho, se unió al equipo de bienvenida de la iglesia porque desea expresamente alcanzar a quienes no conocen a Dios. Recientemente, Kelly conoció a dos azafatas de Brasil que visitaron la iglesia por primera vez. ¿Quién sabe cómo Dios ha obrado en sus vidas para traerlas aquí? ¿Quién sabe lo que Dios hará?

En una cultura de evangelización, las personas que aman a Jesús trabajan juntas como instrumentos en la gran sinfonía de la obra de Dios. No siempre sabemos cuál será la siguiente melodía; el Espíritu Santo es quien orquesta eso. Pero si nos enfocamos en Él y en Su dirección, llegamos a ser parte de Su obra en la vida de las personas.

Es muy fácil tocar para la audiencia y no para el director. Recuerda, el Señor es nuestro director. Sé intencional al evangelizar: sigue la guía de Cristo. Existen muchas maneras de distraerse y perder el tono de la sinfonía. Pero en una cultura de evangelización que va hacia la madurez, las personas confían en que Dios hará algo más grande de lo que pueden ver con sus ojos físicos.

DIFERENTES PARTES, EL MISMO OBJETIVO

En una cultura de evangelización, instamos a los creyentes a caminar en fe y a estar abiertos para ser parte de la obra de Dios en las personas de su entorno. Como parte de este llamado, los miembros de la iglesia deben tener una perspectiva a largo plazo. Las personas alrededor de Kelly confiaron en que Dios obraría a través de ellos, en su caminar con Cristo. Así que consideremos a las diversas personas que tuvieron parte en su historia y veamos lo que podemos aprender de estos ejemplos.

Connie no dejó la amistad con el paso del tiempo, sino que oró y esperó la oportunidad. La oportunidad llegó, aunque después de quince años. No te pienses que la gente es lo que parece. No lo creas ni por un segundo. Traemos palabras de vida a quienes están en desesperación y muerte, no importa cuál sea la apariencia externa. Por tanto, ora y permanece atento, tanto a nivel personal como colectivo.

Kanta y Hetty no se consideraban evangelistas, pero lo eran. Eran evangelistas amables y prudentes, que siempre tenían sus pies calzados con el apresto del evangelio (Ef 6:15).

El pastor Dave predicó fielmente el evangelio, como es su costumbre semana tras semana. Las personas de la congregación saben que cuando traen a sus amigos y familiares a la iglesia, estos oirán el evangelio. Dave dice a menudo desde el púlpito: "Aquellos de ustedes que vengan hoy de otros trasfondos de fe, queremos que sepan lo contentos que estamos de que estén aquí. Les animamos a que hablen acerca del sermón conmigo, o con cualquiera de nuestros ancianos, o con aquellos que les invitaron a la iglesia".

El grupo pequeño de estudio bíblico al cual Kelly asistió fue un lugar cálido y personal para estudiar las Escrituras. Leeann no desperdició la oportunidad que se le presentó. Hubiera sido fácil pensar que una relación de quince años terminaría en el olvido y que no valía la pena invertir más tiempo en ella. Pero Leeann estaba equipada para compartir el evangelio y responder a las preguntas.

Nadie le dijo a Kelly que "cruzara la línea". No hubo técnicas para ejercer presión. En un momento de la relación, al hablar Leeann con Kelly, se confirmó que Kelly entendía y se había comprometido con el evangelio. Pero si le hubieras preguntado a Kelly quién le había dirigido a Cristo, seguramente se sentiría confusa con la pregunta. Podría haber respondido: "el Espíritu Santo" o "muchas personas".

En una cultura de evangelización, la meta es que cada uno comparta, ore y aproveche las oportunidades que le lleguen. Podemos desafiar a las personas a venir a la fe, pero no hay instrucciones en el Nuevo Testamento sobre cómo hacer la oración del pecador. Confiamos en que Dios traerá a los pecadores al arrepentimiento. Nuestra responsabilidad es ser testigos fieles, juntos.

¿Cómo podemos ser parte de una cultura de evangelización vibrante como esta? ¿Cómo podemos llegar a ser evangelistas intencionales viviendo en culturas intencionales de evangelización?

¿Qué clase de plataformas debemos construir para estar preparados a la hora de compartir el evangelio? Creo que hay seis:

- Preparar nuestros corazones, mentes y pies
- Entender qué significa vivir una vida moldeada por el evangelio
- Hacer morir nuestras suposiciones
- Ver la evangelización como una disciplina
- Orar
- Cuando sea posible, proveer liderazgo en la evangelización

1. PREPARADOS PARA COMPARTIR: CORAZONES, MENTES Y PIES

En mi primer libro sobre la evangelización, *Speaking of Jesus*, dije que existen tres áreas en las que necesitamos examinarnos en la evangelización: ¿Estamos motivados? ¿Estamos equipados? ¿Estamos dispuestos? Estas tres preguntas nos ayudan a asegurarnos de que nuestros corazones, mentes y pies, respectivamente, están listos para compartir la fe.

Por ejemplo, uno puede tener muchos amigos no creyentes y estar motivado para compartir, pero puede sentirse inseguro acerca del mensaje del evangelio. Por otro lado, uno puede entender muy bien el evangelio, pero no conocer a nadie que no sea creyente. O puede que una persona conozca el evangelio y a muchos no creyentes, pero que sea indiferente a la realidad espiritual del juicio eterno que enfrentan aquellos amigos sin Cristo.

Tras el paso de los años, al compartir tiempo con personas y mirarlas a través de la matriz de los "motivados", "equipados" y "dispuestos", he descubierto que hay dos categorías principales de personas que se sienten bloqueadas al compartir su fe. La primera la forman aquellos que evitan compartir su fe por miedo. Hay muchas cosas por las que tienen temor: no saber qué decir, ser rechazados, ser vistos como tontos, o hacer sentir incómoda a la gente.

En la segunda categoría están aquellos que están aislados de los no creyentes. Hay varias razones que explican este aislamiento: tal vez se han retirado metiéndose en una subcultura cristiana cómoda, el estilo de vida de los no creyentes les parece ofensivo, o están, irónicamente, demasiado ocupados con el ministerio.

Preguntarnos si estamos motivados, equipados y dispuestos nos ayuda a diagnosticar nuestro testimonio personal. Pero estos criterios también son útiles para diagnosticar nuestra cultura de evangelización. Tras haber hecho el diagnóstico, podemos buscar algunas curas.

Corazones motivados en la iglesia

De la misma manera que examinamos nuestros corazones para ver si tenemos motivación personal, las iglesias deberían considerar su motivación colectiva. A continuación se presentan algunas preguntas que pueden ser útiles:

- ¿Está cultivando nuestra iglesia compasión por aquellos que no conocen a Cristo?
- ¿Necesitan nuestros miembros ser animados cuando los corazones de los no creyentes parecen estar tan endurecidos?

- ¿Están convencidos nuestros miembros de que el evangelio es lo que produce el cambio más grande que el mundo pueda conocer en los corazones, las mentes, las vidas y en la comunidad en general?

A veces, involuntariamente, motivamos a las congregaciones con instrumentos inútiles como la culpa. Pero deseamos que los miembros de las iglesias estén motivados por lo que se enseña en la Escritura y que vean su papel como embajadores de Cristo, mediando entre dos facciones en guerra, con el ofrecimiento de la paz y la reconciliación.

Mentes equipadas en la iglesia

Las iglesias deben asegurarse también de equipar a sus miembros con el evangelio. Deben usar sus reuniones para repasar regularmente y pensar sobre el evangelio, a todos los niveles.

El evangelio debería estar presente en nuestras canciones. Mi nuera, Stephanie, me dijo que cantó una canción en su graduación que se canta a menudo en las reuniones de la iglesia; *God of This City*. La mitad de sus compañeros eran musulmanes, y no tuvieron inconveniente en cantar la canción con gusto. Si personas de otros trasfondos de fe pueden cantar una canción con entusiasmo en una graduación secular de secundaria, podemos estar bien seguros de que no hay evangelio en esa canción. La canción *God of This City* es una buena canción, ciertamente mejor de lo que está sonando en la cultura pop, pero no contiene el evangelio.

Cuando pienso en las letras de algunas canciones que he entonado en la iglesia a través de los años, veo que no había evangelio en ellas tampoco. Por ello agradezco que el líder musical de nuestra iglesia escoja cuidadosamente canciones que se centren en el mensaje de la cruz. Él quiere que el evangelio sea proclamado a través de los cánticos.

El evangelio debería estar presente también en toda nuestra predicación. Un pastor, amigo mío, vino a charlar conmigo después de haber predicado en su iglesia. Me contó cómo un anciano había elogiado uno de sus mensajes hace unos meses, el cual fue un desafío para él. Pero luego, el anciano le dijo: "Mi única preocupación es que no escuché el evangelio". Entonces, mi amigo pastor dijo: "Quiero hacer por ti lo que él hizo por mí. Mack, me encantó tu sermón. Técnicamente fue sobresaliente. Pero, sabes, no estoy seguro de que alguien hubiese venido a la fe a través de las palabras que dijiste hoy". Mi amigo tenía razón, y estoy muy agradecido por la disposición de este hermano para indicarme mi error. ¿Son nuestros sermones de ayuda para que la gente vea su pecado y el ofrecimiento de redención de Cristo?

Hay otras áreas de nuestra vida congregacional que debemos examinar. Nuestras oraciones públicas deberían proclamar que el evangelio es nuestra fuente de esperanza en medio de las preocupaciones que traemos delante del Señor. Podemos acercarnos a su trono confiadamente porque Jesús es nuestro Sumo Sacerdote (Heb 4:14-16). Podemos incluir enseñanza acerca del evangelio en nuestras clases dominicales, en las entrevistas para la membresía y en nuestros grupos de discipulado. Podemos desafiar a los miembros de la iglesia a que aprendan un bosquejo básico que explique el evangelio y podemos enseñarles cómo compartir sus testimonios. Podemos recomendarles libros y folletos que expliquen el evangelio, publicaciones que los creyentes deberían leer por sí mismos o, mejor aún, con no creyentes.

Estas cosas no son difíciles de hacer, pero son fáciles de olvidar. Para equipar a las congregaciones es importante que el evangelio esté presente en todos los aspectos de la vida de la iglesia.

Pies dispuestos en la iglesia

Las iglesias pueden saber si tienen disposición, colectivamente hablando, para los no creyentes solo por preguntarse si en sus reuniones estos son bienvenidos.

Aquí debemos tener cuidado. Es fácil pasar de ser una iglesia hospitalaria a ser una iglesia que tira por la borda el evangelio en su deseo de ser "amigable". Desafortunadamente, muchas iglesias caen en esta herejía cuando su preocupación principal son los no creyentes en lugar de la fidelidad al evangelio. La ruta más rápida para llegar a la herejía y al error es una evangelización "relevante". Las buenas intenciones que intentan acomodar a la iglesia para las necesidades del hombre y no para la gloria de Dios provocan la muerte de las iglesias bíblicas.

La iglesia está llamada a ser una comunidad centrada en la cruz, enfocada en el evangelio y en dar gloria a Dios para la alabanza de Cristo. No podemos olvidar que el objetivo de la iglesia es Jesús, el Cristo, no los inconversos y su comodidad. El antiguo movimiento que promovía que las iglesias debían ser sensibles, y sus reemplazos modernos, intercambian el orden: las iglesias son llamadas a concentrarse en Dios, mientras que los individuos son llamados a ser sensibles a los inconversos. Entonces, ¿estamos animándonos unos a otros individualmente para prestar atención a los no creyentes que asisten a nuestras reuniones? ¿Estamos preparados para darles la bienvenida y ayudarles a entender lo que es una reunión de adoración cristiana? ¿Estamos construyendo amistades para compartir intencionalmente el evangelio? Es muy fácil y peligroso suponer que todos en la iglesia son cristianos.

Tener disposición no solo consiste en mover nuestros pies para estar con los no creyentes, sino que tenemos que examinar la "actitud de la mente". Nuestra tendencia es eliminar a las personas de nuestras mentes: suponemos que algunos amigos nunca estarían interesados en el cristianismo; colegas que parecen demasiado pecadores, que se pasaron de la raya; o familiares que dicen que es mejor no hablar de "tu religión". Cuando comienzo a pensar de esta manera, necesito amigos que me recuerden que ningún corazón es demasiado duro para el Espíritu Santo.

Por tanto, en una cultura de evangelización, debemos pensar cuidadosamente acerca de tres cosas: cómo motivamos nuestros corazones, cómo equipamos nuestras mentes y cómo movemos nuestros pies para la acción.

2. NUESTRA COSMOVISIÓN DEL EVANGELIO: LA CENTRALIDAD DEL EVANGELIO

Las iglesias deben ver el evangelio como una forma de vida. La centralidad del evangelio es crucial en una cultura de evangelización.

Pablo, el humilde apóstol principiante, necesitó valentía para reprender al apóstol Pedro, pilar de la iglesia en aquel entonces (Gá. 2:11-14). Pedro, al fin y al cabo, había caminado con Jesús por tres años en Palestina. Había predicado el mensaje de la gracia en Hechos 2 para abrir las puertas de la primera iglesia. Había confrontado el Sanedrín, la misma corte que había condenado a Cristo a la muerte pocas semanas antes. Pero en Gálatas, Pablo nos dice que el temor al hombre hizo tropezar a Pedro; quien se estaba deslizando hacia la ley, olvidando que la gracia de Dios se había extendido a todos. El asunto, a primera vista, era la mesa donde comían, pero Pablo vio el significado más profundo. Las acciones de Pedro estaban contradiciendo la justificación solamente por gracia. Esta escena en Gálatas es importante porque ayuda a los cristianos a entender la gracia que Dios nos mostró en Cristo. Pablo incluso dice en Gálatas 2:5 que esta "disputa familiar" entre Pedro y él preservó el evangelio.

Pablo usa una frase muy útil para entender cómo podemos mantener nuestras vidas enfocadas en el evangelio. Pablo dice que Pedro "no andaba rectamente conforme a la verdad del evangelio" (Gá 2:14). Esta pequeña frase abre para nosotros una perspectiva completamente nueva acerca del evangelio. Nos dice que el evangelio no es solo un mensaje de salvación, sino una manera de vivir.

Me he dado cuenta de que cuando vivimos el evangelio, compartir el evangelio se convierte en parte de nuestras vidas. Sin embargo, vivir el evangelio no es lo mismo que tener una vida moral. Hay similitud en la superficie; tal vez por esta razón el apóstol Pedro estaba confundido. Pero intentar vivir una vida moral es imposible. Vivir el evangelio es un regalo de Dios.

Cómo vivir el evangelio

Decir que deberíamos vivir el evangelio y saber cómo hacerlo son dos cosas diferentes. Afortunadamente, la Biblia nos dice cómo hacerlo. El Nuevo Testamento a menudo toma un tema del evangelio y lo aplica a nuestras vidas.

Algunos argumentan que todo lo que Pablo hace es una aplicación del evangelio. Esta es una manera justa de entender las cartas de Pablo: predica el evangelio, y luego habla de las implicaciones del evangelio en nuestras vidas. Una "implicación" no es el mensaje del evangelio en sí mismo, sino algo que fluye del evangelio. Por ejemplo, Pablo nos dice que perdonarnos unos a otros está unido al evangelio: "De la manera que Cristo os perdonó, así hacedlo vosotros" (Col 3:13). Nuestra manera de vivir está ligada al evangelio: "Solamente que os comportéis como es digno del evangelio de Cristo" (Fil 1:27). Incluso la manera en que ocupamos posiciones de autoridad está directamente conectada con el evangelio:

> Entonces Jesús, llamándolos, dijo: Sabéis que los gobernantes de las naciones se enseñorean de ellas, y los que son grandes ejercen sobre ellas potestad. Mas entre vosotros no será así, sino que el que quiera hacerse grande entre vosotros será vuestro servidor, y el que quiera ser el primero entre vosotros será vuestro siervo; como el Hijo del

Hombre no vino para ser servido, sino para servir, y para dar Su vida en rescate por muchos. (Mt 20:25-28)

Así que, para los cristianos, la manera en la que perdonamos, vivimos, trabajamos, lideramos y, verdaderamente, todo lo que hacemos en nuestra vida, debería estar arraigado en el evangelio. ¿Qué tiene esto que ver con una cultura de evangelización? Bueno, tiene todo que ver.

Entender el evangelio como una forma de vida implica que debemos asegurarnos de alinear nuestras vidas con el evangelio en todos los aspectos. Esto ayuda a que el evangelio salga de nosotros ya sea que estemos con creyentes o no creyentes. Si vivimos vidas centradas en el evangelio, compartiremos el evangelio. Si los miembros de nuestras congregaciones saben cómo aplicar el evangelio a toda su vida, entonces veremos la explosión de una evangelización centrada en el evangelio.

3. MATANDO NUESTRAS SUPOSICIONES

Suponer el evangelio es mortal. Digo esto de la forma más clara y franca que puedo. Cuando suponemos el evangelio, empezamos a pensar que todo el que aparece en la iglesia es cristiano. Aunque pueda parecer extraño, muchas personas en las iglesias se comportan como si esto fuese cierto.

Esta mala suposición nos lleva a la siguiente: no hay necesidad de compartir, enseñar o predicar el evangelio. Con el paso del tiempo, la confusión acerca del evangelio empieza a crecer: las acciones externas se confunden con la fe cristiana genuina. La moralidad se convierte en una expectativa y no en una respuesta fruto del amor. La cruz se trata meramente como un ejemplo, no el lugar donde la ira y el amor de Dios se juntaron de un modo único. Al final, todo el evangelio termina perdiéndose. Esto es una farsa en la comunidad cristiana. Por esto Pablo instruyó a Timoteo para que protegiera el evangelio y lo pasara a otros con cuidado; sabía que el evangelio podía perderse.

No dejes que tus suposiciones maten el testimonio de tu comunidad; mátalas ahora. Si estás aburrido del evangelio, debes examinar en profundidad el pecado de tu corazón. Incluso algo más serio, si el evangelio no impacta tu corazón, examina y ve si estás convertido de verdad.

Andrei vino a nuestra congregación cuando era un estudiante universitario de segundo año. Era tentador involucrarlo en el liderazgo porque tenía mucha experiencia en el ministerio. Había sido líder en su grupo de jóvenes, y los chicos le amaban. Tenía talento con la guitarra. Era atractivo, guapo y, en general, un buen chico. Como hijo de pastor, conocía el lenguaje cristiano y los versículos bíblicos que le resultaban útiles.

Bueno, los versos le sirvieron hasta que empezamos a hacer un estudio bíblico en profundidad. Estudiamos el libro de Marcos. Andrei estaba aburrido. Conocía todas las historias acerca de Jesús, y cada sesión le parecía repetitiva. No obstante, empezó a tener un sentimiento incómodo e inquietante; el Espíritu Santo estaba obrando. Mientras leíamos Marcos 8, que narra cómo Jesús sanó a un hombre ciego al tocarlo por segunda vez, Andrei de repente se dio cuenta de que, aunque había escuchado de Jesús por muchos años, él no podía "ver" a Jesús. Así como el hombre ciego veía inicialmente "hombres como árboles" caminando (v. 24) y necesitó que Jesús le tocara por segunda vez, de la misma manera Andrei, quien había pasado mucho tiempo en una comunidad cristiana, no era un verdadero seguidor de Cristo.

Andrei se arrepintió de su pecado, el pecado más perverso, el del corazón más duro, el pecado más difícil de arrancar, el pecado más condenado por Jesús: el orgullo espiritual y la arrogancia religiosa. La conversión de Andrei es una de las más milagrosas que he visto jamás, debido a que su vida pasada había parecido estar muy cerca de una verdadera vida cristiana. Sin embargo, cuando Andrei puso toda su fe y confianza en Jesús, el cambio fue evidente. Tenía claro lo que era el evangelio. Sentía gozo donde antes solo había algo mecánico. Andrei ahora sabe lo que le sucedió.

Pero piensa en lo que pudo haber pasado si la comunidad hubiera supuesto el evangelio. Andrei habría sido colocado en posiciones de liderazgo. Aquellos que le rodeaban hubieran continuado suponiendo que Andrei era cristiano. Al no ser cristiano, habría estado enseñando a los niños y a los estudiantes de la iglesia. Lo peor de todo, Andrei habría estado perdido en su pecado incluso mientras la comunidad afirmaba su fe. Siempre habrá personas en nuestras iglesias que parezcan creyentes. Por esto es tan importante que sigamos compartiendo el evangelio. Estos suelen ser los que insisten en lo aburrido y repetitivo que es hablar sobre el evangelio.

Hubo un tiempo en el que tales quejas me habrían tentado a hacer más divertidas nuestras reuniones de iglesia. Pero ahora, cuando alguien me dice que el evangelio es aburrido o que tenemos que avanzar a enseñanzas más pertinentes, tomo esos comentarios como una alarma que me lleva a averiguar qué es lo que quiere decir esa persona. Hay muchos que simulan tener fe. Hay muchos más que han recibido una falsa seguridad de que son cristianos por cómo han sido criados, por haber participado en la iglesia, o por haber tenido estándares morales altos. Sabiendo esto, ya no soy tentado a hacer acomodaciones.

Seré directo otra vez: deja de suponer que todos los que participan en tus reuniones cristianas son cristianos. Supón que los no cristianos *están* ahí.

Hace poco prediqué en la capilla del *Southern Baptist Theological Seminary*. Es un seminario que tiene un fuerte compromiso evangélico. Admiro profundamente a la administración y a la facultad. Confío en que sus estudiantes están comprometidos profundamente con el ministerio. No obstante, yo quería que el evangelio quedara claro en mi charla, no solo para servir como ejemplo a los futuros pastores, sino que también para cualquier visita que estuviera presente. Francamente, he vivido bastante y he visto a muchos en el ministerio caer o venir a la fe, como para pensar que no podría haber algunos en el medio: seminaristas que no conocen verdaderamente a Cristo.

¿Qué podemos decir acerca de nuestros hijos? Muchos niños hacen la oración del pecador cuando tienen cinco años, pero he visto a muchos de ellos venir a Cristo cuando llegan a la universidad. Y he llorado con muchos padres cuyos hijos adultos están lejos de la fe incluso a pesar de haber actuado como cristianos cuando estaban creciendo. Sigue hablando a tus hijos sobre el evangelio, tanto en casa como en la iglesia.

Antes dijimos que el evangelio debe verse claramente en todo lo que hacemos como comunidades de iglesia, para que los miembros estén equipados para compartir el evangelio. Pero también debe verse claramente en todo lo que hacemos para que los no creyentes puedan venir a la fe en Cristo. Cantamos el evangelio. Prestamos mucha atención a las letras para asegurarnos de que declaran verdades acerca de Jesús. Conozco a una mujer en nuestra iglesia que vino a la fe mientras entonaba una canción acerca de la obra redentora de Cristo.

Oramos el evangelio. Incluso cuando oramos antes de comer, podemos reconocer que, si bien estamos agradecidos por el sustento, estamos más agradecidos por el sustento que llega a nuestras almas a través del evangelio.

Predicamos el evangelio. Ya hemos mencionado que los sermones necesitan el evangelio y que debemos preguntarnos si alguien podría venir a la fe al escuchar el sermón. Pero, ¿animamos a las personas a que hablen sobre el sermón después de la reunión por si tienen preguntas? Estuve en una reunión familiar en la que el padre dijo: "Bueno, escuchad todos, quiero oír algo que haya sido de ánimo para vosotros relacionado con el sermón de hoy". Necesitamos que esto se haga más a menudo.

Busca el evangelio en tus estudios bíblicos. Está ahí, en el texto. Confía en Jesús cuando dice que todas las Escrituras apuntan a Él (Lc 24:27). Nunca supongas que todos conocen la buena noticia acerca de Jesucristo. Muchas personas entran y salen de las iglesias sin escuchar este mensaje. No corramos este riesgo.

4. LA EVANGELIZACIÓN COMO UNA DISCIPLINA

Las disciplinas espirituales, como la oración, el estudio de la Biblia y el reunirse como una comunidad de iglesia, son medios de gracia en nuestras vidas. Los cristianos que aprenden estas prácticas desde temprano en su caminar con Cristo crecen en su fe. Dios usa las disciplinas espirituales para nuestra salud espiritual. Crecemos cuando las practicamos. Nuestras vidas cristianas se ven afectadas cuando no lo hacemos. Pero, ¿has pensado alguna vez en la evangelización como una disciplina espiritual?

Don Whitney escribió un libro excelente acerca de las disciplinas espirituales. Él me dijo que, hasta donde sabe, su libro es el único que específicamente dice que la evangelización debe ser vista como una disciplina espiritual. A continuación leemos lo que él dice:

La evangelización es un resultado natural de la vida cristiana. Todos deberíamos ser capaces de hablar sobre lo que el Señor ha hecho por nosotros y lo que él significa para nosotros. Pero la evangelización es también una *disciplina*, porque debemos disciplinarnos para entrar en el contexto de la evangelización, esto es, no debemos simplemente esperar para que se den las oportunidades de testificar.

Jesús dijo en Mateo 5:16: "Así alumbre vuestra luz delante de los hombres, para que vean vuestras buenas obras, y glorifiquen a vuestro Padre que está en los cielos". Dejar que nuestra luz alumbre delante de otros significa más que simplemente: "No hagas nada que impida que tu luz brille". Piensa en su exhortación de la siguiente manera: "Procura que brille la luz de las buenas obras en tu vida, que haya evidencia de un cambio que honre a Dios, como algo que irradia de ti. ¡Que empiece! ¡Haz lugar para ello!".[1]

Más adelante Whitney dice: "A menos que nos disciplinemos para la evangelización, es muy fácil poner excusas para nunca compartir el evangelio con nadie".[2] Whitney cree que la clave para disciplinarnos en la evangelización es planificar; que los cristianos lo pongan de verdad en sus agendas.

Dios usa esta disciplina. Quizá no ocurrirá la primera vez que se presente una oportunidad de testificar, pero a medida que nos disciplinamos con el paso del tiempo, llegará un día cuando nos encontremos en una emocionante conversación acerca de Jesús con alguien que no es cristiano, una conversación acerca de Su poder salvador y lo que Él puede hacer por aquellos que verdaderamente desean conocerle y recibir Su perdón.

5. EL LUGAR DE LA ORACIÓN

Me encanta la frase que se atribuye a Charles H. Spurgeon: "Señor, salva a los elegidos, y ¡elige a algunos más!". Me encanta la oración y la actitud. No sabemos a quién Dios está llamando. Orar para que otros sean salvos nos mantiene conscientes de esto.

Oré por mi hermana, Linda, por veinte años, y casi me rindo. Pero Dios, en Su misericordia, la atrajo hacia Él. Esto me da esperanza de que otros familiares y amigos por los que he orado durante muchos años puedan aún venir a la fe.

Oro frecuentemente de esta forma: "Señor, no dejes pasar un año en el que yo no esté directamente implicado en ver a alguien venir a ti en fe". Dios ha sido fiel a esta oración. Si Dios me concede más años en esta tierra, cuando llegue al cielo puede que haya cincuenta o sesenta personas para las que fui un instrumento para venir a la fe. ¡Qué gran gozo sería esto!

Convierte en una disciplina el orar regularmente por aquellos que no conocen a Cristo, para que vengan a Él. Ora en las reuniones de la iglesia, en los grupos pequeños, en las reuniones en casas, en los eventos especiales, y como parte de tu tiempo devocional. Tengo un amigo que dice que intenta orar como lo hacían los puritanos, oraciones por las que "Dios se sonrojaría, si no las contestara". Deja que la gente que te rodea sepa que la salvación de los perdidos está en tu corazón ante Dios.

6. EL LIDERAZGO ESPIRITUAL

Uno de los elementos clave en una cultura de evangelización es el liderazgo de la iglesia. Si es importante que los miembros se involucren, es doblemente importante que los ancianos y los pastores lideren enseñando y siendo ejemplos en la evangelización.

Dave, mi pastor, vive en un gran edificio de apartamentos que está cerca de un centro comercial. Llama por su nombre a los guardias de seguridad y al personal de mantenimiento. Conoce a todos los cajeros del supermercado y a todos los que sirven en el restaurante Tex-Mex (su favorito). Frecuentemente va a cortarse el pelo, con el fin de construir una relación con su peluquero.

Dave es un tipo amigable, pero tener una simple amistad no es su motivación principal en todos estos contactos. Lo que le motiva es su preocupación por la gente y un deseo de hablarles sobre el evangelio, lo cual hace a menudo. Asiduamente me presenta a personas de su edificio que vienen con él a la iglesia y le oyen predicar. Luego, ambos les hablamos sobre el evangelio. Siempre termino esas conversaciones animado para seguir compartiendo mi fe.

Aparte de enseñar y ser ejemplos, una de las cosas más importantes que los líderes pueden hacer es simplemente hablar acerca de la evangelización. Si eres pastor, es importante que apartes tiempo en las reuniones de personal y de los ancianos para hablar de tus esfuerzos personales para compartir tu fe. Busca maneras de orar y promover la evangelización en otras reuniones del liderazgo en la iglesia.

Estaba dirigiendo un seminario sobre evangelización en una iglesia. El pastor me preguntó cuál era, según mi opinión, la parte más útil del entrenamiento para la gente. Dije: "Simplemente hablar sobre la evangelización es lo más útil".

Me miró extrañado.

"No —le dije— sé lo que estoy diciendo. En verdad no se trata tanto de lo que yo diga, aunque esto es importante. Lo importante es tomarse el tiempo para pensar sobre la evangelización. El hecho que la gente haya dedicado medio día para orar por amigos que no son cristianos, y pensar en lo que deben hacer para evangelizar, es algo mucho más útil que cualquiera de los puntos de mi charla. El hecho de que tú, como líder en esta iglesia, hayas organizado este seminario es, en cierta manera, la declaración más importante".

El pastor Pete regularmente pide a personas de su congregación que compartan acerca de cualquier oportunidad de evangelización que hayan tenido durante la semana pasada. Cuando la gente se dio cuenta de que esto iba a suceder cada semana, no solo comenzaron a venir a las reuniones listos para contar cómo Dios les había usado, sino que también comenzaron a aprovechar las oportunidades que tenían durante la semana. Esta es una manera sencilla de mantener la evangelización como una prioridad en la iglesia.

Para que la evangelización sea una prioridad en nuestras iglesias, se necesita un ánimo constante, un entrenamiento permanente y un liderazgo enfocado a largo plazo, como el que Pete y Dave proveen a sus congregaciones.

En este capítulo hemos estado mirando algunos preparativos importantes para compartir nuestra fe. Son aspectos esenciales. Pero el objetivo no es solo estar preparados; nuestra meta es tener conversaciones con otros, en las que compartamos las palabras de vida. En nuestro siguiente capítulo daremos ideas para tener estas conversaciones.

COMPARTIENDO VERDADERAMENTE NUESTRA FE

Algunos años después de casarme, compré un libro acerca del matrimonio. Era un libro que debería haber leído antes de casarme y que ciertamente habría necesitado antes en mi matrimonio. Cuando lo agarré por primera vez, leí el índice y me fui al capítulo que más me interesaba.

Ese capítulo comenzó con unas palabras como estas: "Este capítulo es el capítulo que muchos de vosotros habéis buscado primero, antes de leer los capítulos previos, pero quiero animaros a empezar desde el principio". Dio en el blanco.

¿Cómo supo el autor que yo iba a buscar ese capítulo primero? El capítulo hablaba de sexo.

Lo admito, aquel capítulo acerca del sexo era más atractivo que este capítulo acerca de compartir verdaderamente nuestra fe, pero sospecho que muchos buscarán este capítulo antes de leer los anteriores. Si eres uno de ellos, bueno, ¡está bien! No voy a decirte que vayas al principio y que leas los otros capítulos.

Agradezco que quieras leer este capítulo. Confío en que puedas definir qué es la evangelización, el evangelio, y la conversión bíblica. Has rechazado una evangelización pragmática y basada en programas, y ves el atrayente llamado a una cultura de evangelización. Ves a la iglesia como el gran plan de Dios para la evangelización y ves que desarrollar una cultura de evangelización en el contexto de la iglesia local es lo mejor que podemos hacer para la proclamación del evangelio. Confío en que te hayas preparado para ser un evangelista intencional porque ves el evangelio como una forma de vida, nunca supones el evangelio, consideras la evangelización como una disciplina espiritual y estás orando por tus amigos que no conocen de Jesús. Aquellos que estáis en el liderazgo, lideráis en la evangelización, tanto en la enseñanza como en la práctica.

Genial. Por supuesto, si cualquiera de estos conceptos es nuevo para ti, o no los tienes claros en tu mente, quizá tengas que empezar desde el principio. Sea como fuere, hemos llegado a este capítulo; el capítulo acerca de hablar verdaderamente de Jesús.

HABLANDO COMO UN EMBAJADOR

Para mí, no hay mejor instrucción para cómo hablar acerca de Jesús que la ilustración de un embajador que Pablo usa en 2 Corintios 5:20-21:

> Así que, somos embajadores en nombre de Cristo, como si Dios rogase por medio de nosotros; os rogamos en nombre de Cristo: Reconciliaos con Dios. Al que no conoció pecado, por nosotros lo hizo pecado, para que nosotros fuésemos hechos justicia de Dios en Él.

Pablo nos insta a recordar el poder que hay detrás del mensaje: Cristo mismo. Se nos habla sobre nuestra enorme responsabilidad de ser representantes del reino de Dios. Somos los embajadores de Cristo. Estamos llamados a ver a las personas de manera diferente, dejando a un lado la perspectiva humana y mundana de los demás, para conocerles y amarles, entendiendo que son pecadores perdidos que necesitan ser reconciliados con Dios.

Debemos entender bien el mensaje. Al fin y al cabo, los embajadores no tienen la libertad de cambiar el mensaje; su trabajo es entregarlo con precisión. De la misma manera, no debemos añadir o quitar al mensaje de Cristo. Debemos entregar correctamente el mensaje para que los pecadores puedan ser reconciliados con el Dios santo, el Creador del universo, el dueño de todos y de todo lo que nos rodea. A pesar de que nuestro pecado es perverso ante Su presencia, Él preparó un camino de salvación al hacer pecado a aquel que no conoció pecado, para que recibiera el justo castigo de Dios en nuestro lugar en la cruz. Esto sucedió para que, en Jesús, nosotros fuésemos hechos justicia de Dios. Podemos ser restaurados a una relación correcta con Dios solo creyendo en Cristo, arrepintiéndonos de nuestros pecados y volviéndonos a Él en fe. Este es el mensaje que hemos recibido para anunciar. Debemos entregar este mensaje independientemente de la incomodidad que produzca, del esfuerzo que requiera y del oprobio que se tenga que soportar. Los embajadores *existen* para entregar mensajes. Así que exclamamos: "Reconciliaos con Dios". Puede que no nos sintamos como representantes del reino de Dios, pero eso es lo que somos. Así es como somos vistos en la esfera espiritual, y es una verdad asombrosa.

Por supuesto, podemos ser buenos o malos embajadores. Si estás leyendo este libro, supongo que quieres desempeñar bien tu papel, así que pensemos en maneras para mejorar en aquello para lo que hemos sido llamados.

LOS EMBAJADORES Y SU ENFOQUE: PENSANDO EN LAS CONVERSACIONES

A continuación comparto una carta que recibí que tocó mi corazón. Mientras la lees, piensa en cómo hubieras respondido:

Estimado Mack,

Llevo un buen tiempo orando por Candice; por oportunidades para compartirle el evangelio. Un poco de trasfondo: Candice fue criada como católica pero actualmente no va a ninguna iglesia. Vive un estilo de vida homosexual en el contexto de una familia con cuatro niños. Su pareja es la madre biológica de los niños, pero Candice es quien los cuida. La madre de Candice tiene cáncer, y vive a más de mil seicientos kilómetros de distancia. Conozco a Candice desde hace veinticinco años y he trabajado para ella en los últimos dos años. Ella sabe que me tomo mi fe en serio y, en general, diría que me tiene alta estima. Me he ofrecido a orar por ella, lo cual agradece, y ha dado apoyo financiero para que yo vaya a viajes misioneros de corta duración.

El otro día, mientras me contaba que iría a visitar a su mamá, rompió a llorar. Nunca la había visto llorar. Mientras estaba frente a ella, en mi mente intentaba pensar en cómo el evangelio podría ser de ayuda en su situación, ver una forma de comunicar algo de valor eterno que no pareciera falto de compasión. Al final, no dije nada que tuviera un valor eterno obvio. Solamente intenté que se sintiera cómoda llorando en mi presencia, afirmando mi empatía con su situación. Creo que podría haber hecho algo mejor.

Tras reflexionar sobre la situación más tarde, ojalá hubiese dicho algo como: "Este dolor que estás sintiendo es normal en un mundo roto, enfermo de pecado. Este mundo está roto, pero será diferente cuando Dios reconcilie todas las cosas consigo mismo". Creo que dudé en decir algo así porque no quise que pensara, como mucha gente lo hace, que no se requiere nada de su parte para ser reconciliada con Dios. ¿Debería haberlo dicho de todas maneras? ¿Debería haber dicho algo más?

Kim

Estas preguntas son difíciles en un mundo donde los detalles son importantes. Así es como respondí:

Estimada Kim,

Bueno, antes de nada, creo que permitir que alguien se sienta cómodo llorando en tu presencia es algo valioso, pero sé cómo te sientes. Es ese sentimiento de que tenemos algo tan precioso que ofrecer, y de tal poder consolador, que en medio del dolor, si solamente pudiéramos romper todas las barreras que las personas tienen en sus corazones contra Cristo, ellos podrían conocer a Aquel que un día enjugará toda lágrima. Y para empeorar las cosas, sabemos lo cerca que están de la verdad —"está en mi corazón y estoy aquí a tu lado"— pero simplemente no lo pueden ver. Acerca de la situación de Candice: quizá Dios esté rompiendo las barreras contra Cristo que hay en su corazón a través de tu testimonio. Por supuesto, no sé cómo estará obrando el Espíritu Santo, pero el mero hecho de consolarla pudo haber sido lo mejor que se pudiera hacer en ese momento; una de las tantas cosas buenas que ella ha visto en ti.

Lo que habría que hacer ahora, creo, es tener una conversación de seguimiento. ¿Sería posible que invitaras a Candice a tomar un café y tener una conversación? Yo diría algo así: "Candice, quiero tener una conversación sobre temas espirituales, mientras tomamos un café. ¿Te sentirías ofendida?". En mi experiencia, cuando confirmamos a las personas que los asuntos de la fe pueden ser ofensivos, la gente tiende a estar más abierta.

Tomando un café o compartiendo una comida, le diría lo que dijiste (me gustó tu forma de expresarlo): "Este dolor que estás sintiendo es normal en un mundo roto, enfermo de pecado". Sin duda te animaría a decir eso pero, en ese momento, le pediría permiso, otra vez, para explicarle cómo Dios reconcilia consigo mismo a un mundo roto: "Candice, ¿me darías permiso para decirte de qué manera pienso que

Dios obra en un mundo que está roto?", y entonces "Candice, tus lágrimas me conmovieron verdaderamente, y cuando lo he pensado, no puedo imaginar nada más importante que pudieras saber en tu situación, que no sea el mensaje de Cristo", o le diría "sé que el tema de la religión puede ser divisivo, pero Candice, por los últimos dos mil años las personas han encontrado en el mensaje de Jesús la clave para entender la vida y la muerte, y quiero contarte al respecto", o "Candice, sabes que creo en un Dios que sufrió en una cruz, o sea, un Dios que se ha identificado con nuestra muerte. Y esto tiene tanto que ver con tu situación que me gustaría explicarte el mensaje de Jesús"; algo así, o tal vez una combinación de las tres. Tú sabrás mejor cómo decirlo en tu contexto y en el de Candice, pero el objetivo es darle una explicación honesta del evangelio, llena de significado eterno y que le ayude a ver su mayor necesidad: arrepentirse de su pecado y responder en fe.

En un sentido, mi mayor preocupación sería que la madre de Candice oyera una explicación clara del evangelio, si es que no lo ha hecho ya, pero aquí ya estoy yendo más allá del asunto. Por cierto, creo que sería de ayuda leerte el libro *Is God Anti-Gay?*, de Sam Allberry.

Tu hermano, Mack

Este intercambio revela algunos de los principios básicos que uso en mis conversaciones con las personas acerca de la fe. Estos incluyen:

- Muestra gracia cuando compartas tu fe. He notado que a menudo temo evangelizar porque hay muchas maneras de equivocarse. Puedo meter la pata con el mensaje. Puedo quedarme callado cuando debo hablar. Puedo decir cosas que luego me parecerán estúpidas. Pero es bueno recordarte que aun tus errores pueden ayudarte a ser un mejor embajador.
- Conoce gente allí donde se encuentren.
- Busca puertas abiertas. Una cultura de evangelización es muy útil en este punto. Cuando los miembros de una iglesia comparten acerca de las puertas que han visto abrirse a su alrededor, otros miembros pueden encontrar oportunidades para implicarse.
- Sé compasivo y mantén un corazón tierno hacia otros. Recuerda que eres un pecador. La humildad respalda el evangelio.
- Recuerda que tenemos respuestas a las grandes preguntas de la vida. Esto es algo que puedes ofrecer. Cuando la realidad de la vida rompe las barreras superficiales que separan a la gente de Dios, ahí es cuando puedes hacer brillar la luz del evangelio. No la escondas bajo una cesta.
- Enfócate en la separación que hay entre la gente y Dios, no te enfoques en ser moralmente correcto.
- Sé intencional en tu conversación. Planea lo que vas a decir. Esto te ayudará a decir cosas útiles, no cosas incómodas u ofensivas.
- Reconoce lo que sabemos y lo que no sabemos. La frase de Kim "un mundo roto, enfermo de pecado" reconoce la

verdad que vemos a nuestro alrededor. El cristiano sabe cómo moverse en ese ambiente porque sabe lo que pasó.

También encuentro útil decirle a la gente que no siempre sabemos las razones por las que Dios hace las cosas, pero sí confío en Él como el que da sentido a un mundo roto.

- Es bueno —aunque no es obligatorio— pedir permiso para compartir el mensaje del evangelio.
- Haz muchas preguntas. Sé un buen oyente.
- Finalmente, si anticipas alguna situación en la vida de una persona, es bueno informarse sobre ese asunto con la lectura de un libro o hablando con alguien que sepa del tema.

LOS EMBAJADORES DEBEN SER VALIENTES Y CLAROS

Si estuviera en la cárcel por evangelizar, estoy bastante seguro de que estaría pidiendo a mis amigos que oraran "¡para que me liberaran!". Pero el prisionero Pablo pidió valentía y claridad para presentar el evangelio (Ef 6:19; Col 4:3-4).

Siento que el elemento más necesario para la evangelización en la comunidad cristiana es la valentía, por lo menos en Norte América. Es un área en la que podemos aprender de nuestros hermanos y hermanas que viven donde no hay libertad religiosa.

Conocí a un iraní llamado Farshid cuando vino a nuestra casa de Dubai, en una reunión de estudiantes. Nos sentamos juntos para escuchar una charla de Nisin. Probablemente había unos treinta estudiantes en la sala. Mientras Nisin hablaba, noté que

Farshid estaba incómodo. Finalmente, se acercó a mí y me dijo: "Mack, es un gran orador, pero, ¿cuándo va a llegar al evangelio?".

Por fin entendí la razón de su incomodad. Farshid quería que el evangelio quedase claro a los estudiantes.

"No te preocupes, hermano", le dije, "nunca he visto que Nisin deje fuera el mensaje de vida; ya vendrá". Y llegó. Nisin proclamó la maravillosa historia de que Cristo salva a los pecadores. Al hacerlo, Farshid dejó de moverse y sus ojos se llenaron de lágrimas. Me di cuenta de que aquellos que vienen de un trasfondo donde muchos odian la cruz, tienden a amarla mucho más.

El siguiente año compartí un almuerzo con Farshid en Ciudad del Cabo, Sudáfrica, durante el Congreso de Lausana. Me dijo que las cosas se estaban poniendo difíciles en Irán y que sentía que era cuestión de tiempo que lo arrestaran; solo por ser un testigo valiente y claro del evangelio. Dejó la seguridad de la comunión que teníamos en Ciudad del Cabo para irse a Teherán; qué hermano tan valiente.

En el día de Navidad Farshid fue arrestado. Los cargos eran "traición contra el Estado Islámico de Irán", o, diciéndolo de otro modo, ser un fiel testigo de Cristo. Su sentencia: seis años. Su esposa y sus dos hijos pequeños escaparon por las montañas turcas para llegar a un campamento de refugiados. Está detenido en la famosa prisión Evin en Irán. Cuando Farshid logra enviar una carta desde la cárcel, le pide a sus amigos que oren para que sea valiente y claro al presentar el evangelio, y pide para que pueda seguir regocijándose en Cristo. La mayoría de nosotros no enfrentamos este tipo de dificultades por ser fieles. Pero Farshid ama a Jesús y su evangelio. Como Pablo, él estima *todas las cosas cómo pérdida por la excelencia del conocimiento de Cristo Jesús* (Fil 3:8). De manera que con claridad y valentía continúa diciéndole a la gente que le rodea acerca de la salvación que se encuentra en Cristo.

Toma valor con la historia de Farshid y sé valiente y claro con el evangelio en tu propio contexto. La Biblia nos llama a recordar a aquellos que han sido valientes y fieles, para seguir su ejemplo.

LOS EMBAJADORES DEBEN ENTREGAR EL MENSAJE Y CONFIAR EN CRISTO PARA LA RESPUESTA

Cuatro de nosotros estábamos en la zona de recogida de equipajes en el aeropuerto O'Hare. Habíamos venido a Chicago para estar en una reunión de negocios importante. De hecho, la reunión había comenzado mucho antes de que llegáramos al hotel: estábamos bien adentrados en conversaciones tras subir al taxi que conducía Ibrahim.

Mientras hablábamos acerca de las implicaciones de diferentes políticas, Ibrahim me dijo, "¿Sabes? ¡Este mundo es maravilloso!". Le miré, mientras trataba de seguir la que se decía detrás de mí.

"Alá ha creado todo esto", me dijo con un gesto que señalaba al centro de Chicago, un gesto que hizo que el automóvil se desviara bruscamente al otro carril. Yo meneé la cabeza sin decir nada, deseando estar en el asiento trasero. "Pero lo maravilloso sobre Alá es que mantiene un registro de todo lo que hacemos".

"Sí, estoy de acuerdo", le dije, luchando por quitar de mi mente mis ideas de gerente. "Soy cristiano, y creo que sí, Dios tiene un registro completo".

"¿Sabes cuál es la diferencia entre tú y yo?" continuó Ibrahim. Sentí que en verdad no era una pregunta genuina.

"Tú crees que Jesús era Dios —continuó— y yo creo que fue solamente un profeta". A Ibrahim no le faltaba valor como evangelista musulmán.

"Eso es cierto también, Ibrahim", le dije. Esto pareció animarlo, así que comenzó un monólogo teológico que duró hasta casi llegar al hotel.

Pero cuando llegamos a nuestro destino, Ibrahim guardó silencio mientras yo rellenaba el formulario de pago mediante tarjeta de crédito. Por fin tuve la oportunidad de hablar: "¿Sabes qué, Ibrahim? Estoy de acuerdo con que los musulmanes y los cristianos creemos que todos los pecados están registrados, pero el musulmán cree que los pecados se comparan con las buenas obras, mientras que el cristiano cree que Jesús ofrece perdón de pecados por medio de la fe. Creo que esa es la gran diferencia. Por eso amo a Jesús: Él no compara nuestros pecados con nuestras buenas obras; Él perdona nuestros pecados porque pagó por ellos".

Ibrahim miró al techo de su taxi. "Hmm", dijo. Luego me ayudó con mis maletas. Mientras veía como se iba, me pregunté si mis palabras tuvieron efecto.

¿Debería haberle dado más propina? De repente, vi que las luces de sus frenos se encendieron, y su taxi giró de regreso. "¡Quizá mis palabras tuvieron efecto!", pensé. "Apuesto que quiere preguntar sobre Jesús, ¡o tal vez sobre el perdón!". Me preparé para llevar a este hombre a Cristo.

Pero no, solo me había olvidado mi tarjeta de crédito. Ibrahim me sonrió y me dio la tarjeta por la ventana. Me alegré de que este hombre fuese bueno, un musulmán honesto. Pero mientras lo veía alejarse por segunda vez, de nuevo tuve ese sentimiento familiar de haber fracasado al compartir mi fe. Ojalá hubiese dicho más acerca del evangelio, o tal vez haberlo dicho de una mejor manera.

Pero mientras pensaba acerca de esto, me di cuenta de que el asunto no era lo que podría haber dicho o lo que debería haber dicho. Lo que *dije* era verdad, y tenía que confiar en que Dios lo usaría con Ibrahim, y conmigo también. Él me ama y le agrada que hubiese asumido un riesgo para defender la fe. Él no usa mi pecado —o mis fracasos, o incluso mis esfuerzos torpes— como reproche contra mí. Y si él decidiera llamar a Ibrahim a la fe, no será porque lo dije todo bien, sino que sería solo por Su gracia.

Necesité un rato para hacer que mi mente regresara a la reunión de negocios, porque me estaba regocijando en el amor y el perdón de Dios. Las riquezas de Cristo en mi vida parecían más reales porque había compartido mi fe. No sé si lo que hablé con Ibrahim lo cambió, pero ciertamente me hizo recordar lo importante: la vida con Jesús es mejor que cualquier reunión de políticas. Me recordó también de la gracia de Dios en mi propia vida. ¿Sabía yo que había sido perdonado antes de hablar con Ibrahim? Por supuesto. Pero hablar de la gracia con alguien que verdaderamente cree en la justicia por obras hizo que esa gracia penetrara más profundamente en mi corazón. No es algo que conozca solo de forma intelectual. Mi oración es que un día Ibrahim conozca esta misma esperanza y gozo.

Es bueno que recordemos que la salvación es una obra del Espíritu. Intentamos ser inteligentes, valientes y claros en nuestra forma de compartir el evangelio con otros, pero Dios es quien produce los resultados. Podemos descansar en este conocimiento.

LOS EMBAJADORES NO DEBEN DESANIMARSE

Pablo dice en 2 Corintios 4:1: "Por lo cual, teniendo nosotros este ministerio según la misericordia que hemos recibido, no desmayamos". Debemos recordarnos esto cuando somos tentados a pensar que nuestros intentos de evangelización son inútiles.

Mientras viajaba, me encontré con Craig en el aeropuerto de Cincinnati. Conocía a Craig de la iglesia. Se identificó como un no cristiano que estaba explorando el cristianismo pero, desde mi distante perspectiva, me pareció que estaba más interesado en la comunidad de la iglesia que en la fe. Fue una rara coincidencia habérmelo encontrado, así que lo invité a sentarse conmigo.

Craig tenía el aspecto de un violinista clásico: su pelo lucía como el de Einstein, largo y color plata, saliendo de los lados de su cabeza. En aquel momento tenía su mirada perdida, con una expresión cansada y melancólica. Me contó que hace poco había perdido a su madre, después de una larga enfermedad. Esto confirmó mi sentir de que nuestro encuentro no había sido un accidente: Dios estaba obrando en la vida de Craig, así que me preparé para hablar con él acerca de Jesús.

"Quién sabe —pensé— quizá este sea su momento".

Hice todo lo que se supone que debía hacer. Le expresé mis condolencias por la muerte de su madre y le pregunté cómo estaba. No forcé la conversación y oraba mientras escuchaba, sintiendo que nuestra conversación tenía todas las característi- cas de un encuentro orquestado por Dios. Pero cuando comencé a tantear la respuesta de Craig a Jesús, levantó su guardia. Estaba bien, gracias. Fue una conversación amable y socialmente acep- table, pero aparentemente infructuosa a nivel espiritual.

Mientras le veía marcharse, reconocí que yo también estaba cansado. Estaba cansado de hablar a personas cansadas, acerca de un tesoro que necesitaban pero que no parecían querer. Esta- ba cansado de mis absurdos miedos al rechazo. Pero, sobre todo, estaba bastante cansado de pensar que no debía sentirme así; un sentimiento que a veces *me hacía querer dejar de compartir mi fe*.

Antes de que ese cansancio me abrumara totalmente, Dios en Su gracia me guió a un versículo en Filemón, del cual no me había dado cuenta antes: "[Oro] para que la participación de tu fe sea eficaz en el conocimiento de todo el bien que está en vosotros por Cristo Jesús" (Flm 6).

Aquí Pablo tiene más que la evangelización en mente, aunque no menos que eso. Aun así, la oración de Pablo es para que sea- mos activos en compartir nuestra fe. Pero observa que la razón no es ni la respuesta ni nuestra efectividad. Pablo está diciendo algo que rara vez escucho: compartir nuestra fe es para nues- tro beneficio también, para que obtengamos un entendimiento más pleno de las cosas buenas que tenemos en Cristo. La Biblia dice que, entre todas las buenas razones que hay para compartir nuestra fe, una de ellas es lo que sucede en nosotros. Creo que esto es importante, no solo para nosotros como cristianos individuales, sino que también para la comunidad.

Parte de mi cansancio en la evangelización es mi enfoque constante en lo que se supone que debe ocurrir en *otros*. Cuando ese es mi enfoque y nada sucede, entonces me desanimo. Pero saber que Dios obra en mí cuando comparto activamente mi fe me da esperanza incluso cuando nadie responde positivamente a mis esfuerzos.

De hecho, estoy convencido de que compartir nuestra fe, independientemente de la respuesta, es la clave para la salud espiritual del individuo y de la comunidad. Sí, por supuesto, queremos ser efectivos en nuestro testimonio. Sí, muchos cristianos hacen cosas tontas que obstruyen el mensaje del evangelio —de acuerdo, *he hecho* cosas tontas que obstruyen el evangelio— pero deberíamos dar los pasos para cambiar estas cosas. Si deseamos entender las riquezas de Jesús más profundamente, necesitamos compartir nuestra fe activamente.

Craig siguió viniendo a nuestra nueva iglesia después de nuestro encuentro en el aeropuerto. Durante meses se sentó y oyó testimonios que glorificaban a Dios y explicaciones claras del evangelio sin aparente respuesta. Pero un día, el primer domingo que yo estaba de vuelta en la iglesia tras un largo viaje, Craig me sorprendió al ponerse de pie y decirme cómo había venido a Cristo. Mi corazón se ensanchó al escuchar a Craig compartir lo que Dios había hecho en su vida.

Craig nos dijo que pasaron muchos meses antes que se diera cuenta de que los testimonios que escuchaba no eran dramas.

Había pensado que en realidad estos testimonios eran representaciones de eventos espirituales dramatizados por actores profesionales. Que las personas revelaran cómo habían llegado a entender el evangelio de un modo tan íntimo y profundo se salía de la experiencia de Craig. Pero con el paso del tiempo, Craig se dio cuenta de que estas personas estaban hablando sobre *sus* vidas. "Bueno, aquí estoy —dijo— de pie ante vosotros contando cómo he venido a la fe... Ahora entiendo el evangelio". Tal vez solo sea mi imaginación, pero la voz de Craig parecía haber perdido el cansancio. Me parecía alguien distinto: lleno de vida.

Mientras Craig le contaba a nuestra iglesia aquel domingo por la mañana cómo había llegado a entender lo que Jesús había hecho por él, también sentí que mi cansancio se marchó. No guié a Craig a Jesús, pero fui activo en compartir mi fe con él; hice mi parte. Fui parte de una iglesia que tenía una cultura de evangelización. Y en esta ocasión, al menos, Dios me dejó ver cómo mi diminuta parte jugó su papel.

La mayor parte del tiempo no podemos ver esto; tenemos que confiar en Dios. Pero esto es algo *bueno*. Dios obra a través de nosotros cuando compartimos nuestra fe; incluso cuando no lo vemos a este lado del cielo. Tal vez Él obre a través de un poco de tiempo que compartamos en la entrada de un restaurante; tal vez mediante una breve conversación en la que compartimos el evangelio en un minuto, o quizá a través de una importante observación teológica acerca del perdón. Quién sabe, ¿posiblemente Dios obre mediante algo que hagas hoy? Así que recibe ánimo, aun en medio del desaliento. Comprende que Dios está obrando en ti y a través de ti. Puedes depender de Él. No caigas en la tentación de renunciar.

Después de que Craig compartiera su historia en la iglesia, algunos no creyentes se le acercaron para hablar más sobre Jesús. Craig quedó impactado por la respuesta de estas personas. Él esperaba que la gente pensara que estaba loco. Pero lo que no podía quitarse de la mente, nos dijo después, era el deseo en sus corazones que solo Jesús podía llenar. "No sé cómo puedes soportarlo —dijo— ver tal necesidad en las almas de la gente". Sé a lo que se refiere: a veces no sé si puedo soportarlo. De hecho, vi esa necesidad en Craig y fui tentado a renunciar. Posiblemente toda esa gente cansada a tu alrededor te hace pensar si puedes soportarlo. Quizá los intentos infructuosos de compartir tu fe con un vecino a quien ves día tras día, o el taxista que ves solo una vez en tu vida, te han hecho preguntarte si vale la pena. Tal vez, en lo secreto de tu corazón, también estás siendo tentado a renunciar.

Anímate. La evangelización es más grande de lo que podemos ver. Recuerda la promesa de Dios: te está dando un entendimiento más completo de las riquezas que tenemos en Cristo. Te está dando Sus ojos para que veas a las personas como Él las ve. Te está ayudando a comprender el rico significado del mensaje que llevamos, y te está ayudando a depender de Él para obrar en las vidas de las personas.

Estas son razones suficientes para seguir, pero aun hay algo mejor. A veces Dios nos permite ver personas cansadas que son transformadas en personas llenas de luz. Esto es algo glorioso, maravilloso y esperanzador.

UNA EXPLICACIÓN DEL EVANGELIO

Dios, nuestro Creador, es santo, justo y amoroso. Nosotros somos suyos, hechos a Su imagen. Aunque una vez tuvimos comunión con Dios y fuimos amados por Él, ahora estamos separados de Él. Esta separación entre Dios y sus criaturas comenzó con una rebelión de nuestros ancestros. En esencia, la rebelión fue nuestra decisión de no creer a Dios, intentando ser Dios nosotros mismos. Esta rebelión traicionera fracasó, y el juicio fue la muerte eterna. Horriblemente, el pecado de rebelión es transmitido de generación a generación como una maldición: todas las personas heredamos tanto el pecado como el juicio. Nuestra naturaleza pecaminosa hace imposible que nadie pueda ganarse su regreso a Dios.

Pero aun cuando somos incapaces de comprar o conseguir un escape de la maldición, Dios en su amor proveyó una forma para regresar a una relación de amor y perdón con Él. Toda la Biblia profetiza, registra y explica la venida de un Salvador que vino para tal fin: el Hijo de Dios, Jesús.

Jesús, plenamente Dios y plenamente hombre, vivió en la tierra haciendo milagros y enseñando acerca de los caminos de Dios. Vivió una vida perfecta y fue el sacrificio perfecto para rescatarnos de la maldición del pecado y de la muerte. Jesús pagó el precio por nuestros pecados a través de Su muerte en la cruz. Se levantó de la tumba, conquistando a la muerte, y probando así que lo que dijo era cierto. Mediante Su muerte, Cristo compró el derecho de ofrecernos perdón de pecados y el derecho de que cualquiera que se vuelva a Él sea hecho hijo de Dios.

Todo aquel que oye este mensaje de buenas noticias y responde a Jesús no será rechazado. Jesús nos llama a convertirnos de un estilo de vida de incredulidad, y del pecado que nos atrapa, y a poner toda nuestra confianza y fe solamente en Él para rescatarnos de la maldición. Así que para llegar a ser un seguidor de Jesús, le ofrecemos nuestra vida en fe y nos comprometemos a seguirle como Señor todos nuestros días.

DEFINICIONES

- Evangelización: Enseñar o predicar el evangelio con el objetivo, o propósito, de persuadir o convertir.
- Evangelio: El maravilloso mensaje de Dios que nos lleva a la salvación.
- El mensaje de Dios: La explicación de quién es Dios, el problema humano del pecado y la perdición, la obra de Cristo para nuestra salvación, y la respuesta que las personas tienen que dar para que su relación con Dios sea restaurada. Esto puede encapsularse en las cuatro partes del esquema del evangelio: Dios, el hombre, Cristo y la respuesta.
- Pecado: Un estado de rebelión contra Dios caracterizado por el egoísmo y la incredulidad.

- Pecados: Los síntomas y expresiones del estado de rebelión e incredulidad.
- Arrepentimiento: Dejar la vida de incredulidad.
- Conversión: Pasar de muerte a vida, de la culpa al perdón.
- Creer: Confiar completamente en Dios y su gracia salvadora mediante Cristo.

PASAJES DE
LA ESCRITURA PARA
UN ESQUEMA DEL EVANGELIO

Hay muchos versículos de la Escritura que deberías conocer. Los siguientes versículos proveen hechos básicos acerca de Dios, el hombre, Cristo, la respuesta, y el costo de seguir a Jesús:

DIOS

- Isaías 6:1-3. *Dios es santo.*
- Colosenses 1:16-17; Salmos 8:1-4. *Dios es el Creador.*
- Juan 3:16. *Dios es amoroso.*
- Romanos 1:18. *Dios muestra ira contra el pecado.*

EL HOMBRE

- Génesis 1:26-27. *Hemos sido creados a la imagen de Dios.*
- Romanos 3:9-12. *Todos somos pecadores.*
- Efesios 2:1-3. *Estamos muertos en nuestras transgresiones.*
- Isaías 53:6. *Estamos en rebelión contra Dios.*
- Isaías 59:2. *Estamos separados de Dios.*
- Romanos 6:23. *La muerte es el pago de nuestra rebelión.*

CRISTO

- Juan 3:16. *Jesús es el camino a Dios.*

- Romanos 5:6-8. *Jesús murió por nosotros.*
- Romanos 6:23. *El regalo de la vida eterna es a través de Cristo.*
- Efesios 2:4-9. *Dios nos da gracia en Cristo.*
- Colosenses 1:19-23. *Dios nos reconcilia consigo mismo por medio de Cristo.*
- 1 Pedro 2:22. *Cristo vivió una vida perfecta.*
- 1 Corintios 15:3-4. *Cristo se levantó de entre los muertos.*
- Juan 10:10. *Cristo vino a dar vida.*

LA RESPUESTA

- Romanos 10:9-11. *Debemos confesar con nuestra boca y creer en nuestro corazón.*
- Mateo 4:17; Hechos 2:38. *Debemos arrepentirnos.*
- Juan 8:12. *Debemos seguir a Jesús.*
- Juan 5:24-25. *Debemos oír la Palabra de Jesús.*
- Juan 1:12. *Debemos creer en el nombre de Jesús.*

EL COSTO

- 1 Pedro 1:18-19. *Cristo nos redimió con Su sangre.*
- Efesios 2:8-9. *Dios nos salvó por Su gracia.*
- Lucas 9:23-24. *Debemos negarnos a nosotros mismos y tomar la cruz.*

REFERENCIAS

CAPÍTULO 1

1. J. I. Packer, *El evangeslimo y la soberanía de Dios* (Publicaciones Faro de Gracia, 2008).
2. Tim Keller, *Paul's Letter to the Galatians: Living in Line with the Truth of the Gospel* (New York: *Redeemer Presyterian Church*, 2003), 2.
3. La palabra que normalmente se traduce como "evangelio" en el Nuevo Testamento es generalmente traducida "buenas nuevas" en el Antiguo Testamento (por ejemplo: Is 52:7).

CAPÍTULO 2

1. Barna Group, *"Evangelism Is Most Effective Among Kids"*, 11 de octubre de 2004. https://www.barna.org/barna-update/article/5barna-update/196-evangelism-is-most-effectiveamong-kids#.UjmEo-AXd3g.

CAPÍTULO 3

1. La red Acts 29 se dedica a plantar iglesias. El nombre se debe a que el libro de los Hechos en el Nuevo Testamento tiene veintiocho capítulos. Por tanto, el nombre "Acts 29" puede entenderse como el constante "próximo capítulo" en la historia de la iglesia. http://en.wikipedia.org/wiki/Acts_29.
2. Para saber más acerca de la membresía en la iglesia, puedes ver el libro de Jonathan Leeman *La membresía de la iglesia: Cómo sabe el mundo quién representa a Jesús* (9Marks, 2013).

3. Este libro es parte de una serie que cubre doctrinas y prácticas bíblicas que ayudan a las iglesias a ser saludables en lugar de estar enfermas, les ayudan a florecer en lugar de solamente sobrevivir. Nosotros nos enfocamos específicamente en nueve marcas, aunque podrían añadirse muchas otras. La primera "marca" de una iglesia sana que comentamos es la descripción de la labor principal del pastor: la predicación expositiva, un tipo de predicación en la que el tema principal del texto bíblico es el tema principal del sermón. Los sermones que se predican siguiendo de principio a fin un libro de la Biblia se alimentan de y se apoyan en un entendimiento coherente de toda la historia y mensaje de la Escritura. Por tanto, una segunda marca es la teología bíblica. El mensaje central de la Escritura, el evangelio, es lo que da vida a nuestras iglesias, y debemos entenderlo bíblicamente; esta es la tercera marca. De esto fluye un entendimiento bíblico de la conversión y de la evangelización, las marcas cuatro y cinco. Una vez que las personas se convierten, deberían unirse a la iglesia: esto es, la membresía de la iglesia. La otra cara de la membresía es la disciplina en la iglesia, lo que una iglesia hace cuando sus miembros dejan de arrepentirse de sus pecados. Con esta llegamos a siete. La marca ocho es un entendimiento bíblico del crecimiento, y la novena es un liderazgo bíblico de la iglesia.

CAPÍTULO 4

1. Donald S. Whitney, *Spiritual Disciplines for the Christian Life* (Colorado Springs: NavPress, 1991), 106.
2. Whitney, *Spiritual Disciplines for the Christian Life*, 108.

ÍNDICE DE LAS ESCRITURAS

RECUPERANDO EL
EVANGELIO

"La serie *Recuperando el evangelio* aborda la mayoría de los elementos esenciales del evangelio, especialmente aquellos que han sido más descuidados en el cristianismo contemporáneo. Es mi esperanza que estas palabras puedan ser una guía para ayudarte a redescubrir el evangelio en toda su belleza, asombro y poder salvífico. Es mi oración que este redescubrimiento transforme tu vida, fortalezca tu proclamación y traiga mayor gloria a Dios".

— Paul Washer

OTROS LIBROS DE
POIEMA

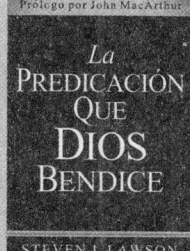

El Evangelio
¡para cada rincón de la Vida!

Poiema /POY-EMA/ es la palabra griega que se refiere a una obra creada por Dios. Es la raíz de nuestra palabra "poema", que nos insinúa algo artístico, no una simple fabricación. Pablo dice:

Porque somos la obra maestra (POIEMA) de Dios, creados de nuevo en Cristo Jesús...
Efesios 2:10

El propósito de Poiema Publicaciones es reflejar la imagen de nuestro Creador, creando libros de alta calidad, accesibles, agradables y pertinentes al mundo caído en el que vivimos. Dios nos invita a tomar parte en la redención de toda Su creación en Jesús. En Poiema Publicaciones, sentimos un llamado a que nuestra lectura ¡también sea redimida!

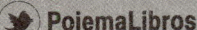 PoiemaLibros

 Poiema Publicaciones

 PoiemaLibros

Visita nuestra web  www.poiema.co